Le Muticulturalisme
by Patrick SAVIDAN

다문화주의

국가정체성과 문화정체성의
갈등과   인정의   방식

Le Multiculturalisme

다문화주의

: 국가정체성과 문화정체성의 갈등과 인정의 방식

도서출판 경진

문화콘텐츠기술연구원 다문화콘텐츠연구사업단

역자 서문

우리는 다문화 시대에 살고 있다. 어디를 가든 흔히 외국인을 만날 수 있고, 그들이 한두 마디 한국말을 하는 것은 이제 그다지 놀랄 일도 아니다. 2012년 여름을 뜨겁게 달구었던 런던 올림픽은 다른 나라에서는 몰라도 한국에서는 국가정체성을 고취시키는 결정적인 사건이었다. 올림픽 경기는 프로운동 경기에서 선호하는 팀을 응원하는 것보다 더욱 흥분시키는 무엇인가가 존재했다. 축구팀의 동메달 획득은 그 결과도 결과지만, 일본을 이기고 얻은 성과이기 때문에 국민들의 감동을 이끌어내기에 충분했다. 그리고 한 방송인의 "영국인으로서 자랑스럽다."라는 발언은 많은 누리꾼들의 공분을 자아내기도 하였다.

우리는 다문화 시대에 살고 있는가? 문화라는 틀과 국가라는 틀은 정확히 일치하는가? 파트릭 사비당Patrick Savidan이 이야기하는 '인정'은 우리 사회에서 이루어지고 있는가? 물론 한국은 국가정체성과 문화정체성의 일치가 강조되는 사회이다. 우리가 외국인을 인정하는 방식은 선진국들이 보여주는 동화와 통합의 논리와 그다지 다르지 않다. 예를 들어, 어떤 외국인이 한국말을 잘한다든지, 한국음식을 가리지 않고 잘 먹는다든지 하는 하면, "한국사람이 다 됐다"며 기특하게 생각하는 한국인들이 적지 않다. 다시 말해서, 한국인들은 한국에 살면 한국의 방식, 즉 그 문화정체성에도 적응해야 한다는 생각을 가지고 있는 것 같다.

이러한 상황에서 『끄세쥬Que sais-je?』 문고판 시리즈의 일환으로 이 책이 출간되고 그 책을 우리가 참고할 수 있다는 것은 의미가 깊다. 이 전에 이 문고판 시리즈의 책 중에서 같은 제목을 가진 책이 이미 있었다. 하지만 두 권의 책 내용은 완전히 다르다고도 할 수 있다. 첫 번째 책이 다문화주의에 접근하는 여러 이론들의 입장을 미국의 예를 통해 설명하고 있다면, 이 책은 이미 보편화된 다문화 현상을 어떻게 우리가 받아들여야 하는지 보편적인 시각에서 설명하고 있다. 특히 사비당이 고른 문화정체성과 국가정체성의 대립적 관계는 진정 우리가 살고 있는 국민국가가 안고 있는 중요한 문제 중 하나라고 할 수 있다. 파트릭 사비당은 이 책에서 다음과 같은 질문들을 제시하고 있다.

인정에 대한 현대적 요구는 어떤 논리 속에서 나타나는가(1장)? 이러한 요구는 제도적으로 국가의 권리를 가지기 위하여 어떤 반대에 대응해야 하는가(2장)? 국민국가에서 자리 잡고 있던 시민통합의 모델에 대한 재검토를 정당화할 주된 논거는 어떤 것인가(3장)?

이러한 질문들은 다문화 시대를 당연시하는 저자의 의식이 반영되어 있다. 이제 우리는 다문화 시대에 살고 있고, 다른 문화를 가진 동등한 국민들이 서로를 인정하는 것은 새로운 시대를 여는 열쇠라고 할 수 있다. 이 열쇠를 가지기 위해서, 많은 문제들을 해결해 나가야 하는 것은 당연한 일이다. 이를 위해 우리는 위 발췌문의 두 번째 질문에 답해야 한다. 다양한 문화공동체의 요구는 이제 무시할 수준으로 커져 가고 있다. 이미 다문화 시대를 충분히 겪었던 국가들은 이러한 요구에 다양한 방식으로 대응했다. 이 대응 방식들이 직접적으로 그 국가의 다문화정책을 대변하게 된다. 예를 들어, 프랑스의 '통합·동화정책'은 프랑스가 프랑스 내에 존재하는 문화공동체들에 어떻게 대처해 왔는지 대변해 준다. 자연스럽게 문제는 세 번째 질문으로 넘어간다.

3장에서 사비당이 던지는 이 세 번째 질문은 지금의 다문화 정책이 다문화 시대에 대응하기에 적절한지에 대한 것이다. 지금의 다문화 문제는 인정의 문제에서 발전해서, 정체성의 문제로 변모해 가고 있다. 이전에 '이민'이었던 사람들은 '국민'이 되었고, 모두들 자신이 정착한 국가의 국가정체성을 가지게 되었다. 그 정착 국가의 통합과 동화정책도 이러한 변모를 가속화하는 촉매제 역할을 했다. 그러나 그들이 가진 문화정체성의 인정 문제는 국가정체성과는 별개의 문제이다. 최근 유럽에서 문제가 되고 있는 이슬람 여인들의 복장문제도 이러한 맥락에서 생각해 볼 수 있다.

이 책은 앞에서 든 여러 가지 문제에 대해 해법을 제시하고 있지는 않다. 이 책은 다문화 시대의 상황변화에 맞추어 대응방식의 변화도 필요하다는 것을 보여준다. 그리고 많은 양의 참고문헌들을 제시하여 다문화주의를 처음 대하는 사람들에게도 새롭게 공부할 수 있는 계기를 제시하고 있다. 저자가 참조한 책들이 대부분 프랑스어로 된 책이지만, 다수의 책들이 영어를 프랑스어로 번역한 책들이다. 이 번역서들 중에서는 한국에서 이미 번역되어 있는 책들도 있다. 이 책이 다문화에 관심이 있는 여러 독자들에게 새로운 시각을 제공할 수 있기를 기대한다.

마지막으로 분량이 많은 책은 아니지만, 번역과 출간을 하는 과정이 쉽지 않았다. 도움을 주신, 이찬욱 문화콘텐츠기술연구원장님과 도서출판 경진 양정섭 대표께 감사를 드린다. 그리고 번역과정에서 어려울 때 옆에서 도와준 조나리 선생, 안미솔 선생, 힘든 교정작업을 마다치 않으신 노경민 선생님의 노고에 깊은 감사를 드린다.

2012년 8월 19일

이산호·김휘택

목차

국민국가와 다문화의 현실

민족문화의 다양성은 역사적으로 여러 인간사회가 남긴 자료이다. 우리는 민족문화의 다양성을 통해 현대사회들의 특성을 말할 수는 없다. 그러나 새로운 것은 인정認定의 정치 안에서, 우리는 한 국가의 국민을 특징짓는 문화적 다양성을 국가가 고려해야 된다는 사고를 고취할 수 있다.

이 생각이 당연한 것은 아니다. 이러한 측면에 대해 나온 모든 제안은 때로는 강한 저항을 야기했다. 이것에 대해 놀랄 일은 아니다. 왜냐하면, 많은 점에서 다문화주의는 국민국가들이 기반으로 삼고 있는 모델과 정반대 입장의 정치적·사회적인 통합방법을 활용하고자 하기 때문이다.

우리는 근대 민주정부가 먼저 국가형태를 취하면서 전개되어 왔다는 것을 알고 있다. 정치적 자치권의 제정은 보편적·공통적 의지를 기반으로 조직된 정치체제 구성을 불러왔다. 이 의지로 인해 [법에 대한 복종이 해방이라는 것을 제시한] 시민성에 대한 용어들을 다시 정의할 수 있었고 사회와 정치의 통일성 원칙을 발전시킬 수 있었다.1) 따라서 정치체제의 통일과 어느 지점까지의 사회체계 통일은 민주적 시민성을 가능하도록 하는 데 반드시 필요한 조건이다.2) 이러한 사실은 시민성에 대한 현대적 개념과 실천과 관계하고 있기 때문에, 통합 다문화주의 모델은 진정한 패러다임의 변화이다. 그리고 그 패러다임 변화의 의미, 영향력, 가치, 위험에 대해서 반드시 인식하고 있어야 한다.

다문화주의는 문화적 차이가 재평가되면서 나타났다. 다문화주의는 지역적 통합과정이 이루어지고 있는 글로

---

1) P. Rosanvallon, *Le modèle politique français*, Paris, Le Seuil, 2004. 특히 그 보편성에 대한 분석은 사회적 형태, 민주주의적 특성, 조절 방식의 관점에서 이루어지고 있다(I-IV장).

2) 연방국가 자체는 국가나 국가주의의 역사에 완벽히 생경한 것은 아니다. 이것은 '미국 국가주의'의 발전을 설명하는 데 기여한다. 이 점에 대해서는 다음 책을 참고할 것. A. Lieven, *Le nouveau nationalisme americain*, Paris, J.-C. Lattès, 2005.

벌화된 세계에서 개인적 자유와 개인이 소속되어 있는 문화 사이의 관계를 다시 정립해야 할 필요성으로 인해 안정적으로 자리 잡았다. 다문화주의 발전의 관건은 개인들이 자신이 선호하는 주어진 문화적 배경을 선택했을 때, 그 선택이 개인 자신이 의미 있는 삶의 선택과 같은가에 달려 있다.

근대의 세계는 우리에게 우리 자신이 외면상 우리 자신이 아닌 모습으로 타인과 만나는 법을 가르쳐 주었다. 다른 성의 모습들, 문화적 의미에서 타자의 모습들 말이다. 그때, 행동은 타인을 평등한 것으로 구성하는 데 반드시 필요하고, 그 평등을 위해 동화하려는 목적으로 존재한다. 다문화주의는 '함께 살기'의 다른 개념을 주창한다. 동화를 통해 평등함을 이루려는 행동은 다문화주의에 있어 선결조건, 즉 진정한 의미를 부여할 수 있는 평등으로 나아가는 한 단계일 뿐이다. 다문화주의의 도전 중 하나는 제도적 장치와, 평등에서 문화적 차이를 다시 나타나게 할 수 있는 실천들을 정의하는 것이다. 그리고 역설적으로 이러한 도전은 보다 진척된 평등성 확립 위한 것이며, 이러한 평등화 때문에 더 이상 차이들이 실제로는 부정되고 있다는 사실을 숨길 수 없게 하기 위한 것이다.

이러한 다문화주의 복잡함을 정리하고, 그 극단적 성격에서 문제점을 발견하려면, 다문화주의 문제를 민주국가의 장래와 분리할 수 없다는 것을 인정해야 한다. 이 중요한 문제를 다루기 시작하려면 국민국가의 미래에 대해 질문을 제기하는 것이 적절하다. 이렇게 문제를 제기하는 것은 문화다양성 증대와 다문화주의가 그 미래의 방향을 다시 결정하는 방식을 더 잘 밝히기 위함이다.

1. 국민국가 되기

원칙적으로 근대국가들은 다양한 방식으로 국민국가와 유사한 형태로 성립되었다. 17세기에 유럽 북부와 서부가 그러한 경우다. 또한 19세기에 이탈리아와 독일에서도 그러하였다. 중유럽에서 국가의 형성은 아주 확실한 국가의식의 배경 안에서 나타났다. 2차 세계대전 후, 식민지 해방의 과정은 새로운 국민국가를 탄생시켰지만 상당수 부적절한 경우도 있었다. 그 이유는 식민지 시기에서부터 정해진 국경이 국가의 현실에 맞는 경우가 드물었기 때문이다. 전 세계에서 이러한 움직임과 국민국가의 증가는 확대되었다. 이때 소비에트제국은 해체되었고, 이 분열을 통해 독립적인 국민국가들이 형성되었다. 모순적이게도 국민국가는 정치형태로는 그 정점에 있지만, 동시에 상당한 압력을 상부와 하부에서 받고 있으며, 그런 압박은 결국 변형, 다시 말해 국민국가의 극복을 가져오고 있다.

사회학자 도미니끄 슈나뻬르Dominique Schnapper는 이 문제에 대한 자신의 연구조사를 통해 민주주의 국가가 약화되었다는 것을 발견할 수 있었다. 그녀는 민주국가의 절대적인 힘이 지속적으로 제한되고 있다고 보았다. 이것은 정치프로젝트의 '약화'로부터 일어난 것이며, 이 때문에 국가공동체가 사회적 통합의 과정을 지지하는 데까지 이르고 있다. 앞에서 말한 사실들은 '국가의 현실'이라는 배경에서 전개되어 왔다. 그 국가적 배경은 이제 점진적으로 단순한 "직업공동체, 문화공동체, 부의 재분배에 대한 공동체"[3]로 변화하고 있다. 그런데 이 조사는 우려를 자아낸다. 그것은 민주주의 국가가 계속해서 "시민성에 대한 이성적 야망을 통해서 자원의 분배가 야기하는 불가피한 분쟁들과 민족공동체에 대한 소

---

3) D. Schnapper, *La communauté des citoyens, Sur l'idée moderne de nation*, Paris, Gallimard, 1994, p. 185.

속감이나 정체감에 영향을 받은 행동들을 제어"할 수 있는가 하는 것이다. 도니미크 슈나뻬르는 다르게 말하면, "[국민국가]가 사회적 관계를 계속 보장할 수 있다는 사실에 찬동할 수 없는 것이다."[4]

위르겐 하버마스Jürgen Habermas도 국민국가의 약화를 인정하는 입장이다. 그러나 하버마스가 그렇게 생각하는 이유는 사회적 관계의 특성보다는 정치적 요소들에 기인한다. 그는 국민국가들은 이후 우리 시대가 안고 있는 (경제, 환경 등의) 문제를 해결할 수 없다고 강조한다. 만약 그의 말을 그다지 걱정스럽게 느끼지 않는다면, 그것은 그가 위기를 빠져나올 국가의 '초국가적인' 개념에 기반을 두는 해법에 대해 고려하고 있기 때문이다. 하버마스에 따르면 이 개념을 통해 정치가 세계 경제의 단계로 올라가게 되고, 그 국가는 더 이상 나라들과 너무나 단단히 묶여 있는 제한 속에 갇혀 있지 않아도 된다.[5]

이렇듯 이러한 전망들은 동일한 상황을 반대로 이해하고 있다. 다시 말해, 한편으로는 국민국가의 종말이 정치의 후퇴와 자기중심주의 확대에, 다른 한편으로는

---

4) *Ibid.*, p. 202.

5) J. Habermas, *Après l'Etat-nation. Une nouvelle constellation politique*(1988), Paris, Fayard, 2000, pp. 43~124.

정치의 확대와 연관되어 있다는 것이다. 이때 정치의 확대는 그 국가에 생명과 의미를 부여해주는 국가구성원과 관련되어 있는 정치사회의 후퇴를 가져왔다.

이 두 가지 경우에서 정치권력의 인정에 대한 문제가 논의 대상이 되고 정치공동체 다원주의의 적용문제가 제기된다.

단일국가의 종말이 공언된 시대는 민주적 관점에 대한 문제들을 분명히 제기한다. 더욱이 이는 이 관점에서만 심각하게 문제가 된다. 그 이유는 민주주의적 관점에서 자기중심주의의 문제는 항상 독선적인 방식으로 '해결'되었기 때문이다. 다른 이유로 국민국가는 민주적, 자유주의적, 공화주의적 존엄성에 대한 정치이론과, 그 이론이 가지고 있던 원리들을 바탕으로 하여 이루어낸 정부형태이기 때문이다. 이러한 의미에서 국민국가를 문제 삼는 것 또한 민주주의적 시민성의 근대적 양태들을 문제시하는 것이라고 여기질 수 있을 것이다. 그래서 이 민주주의의 역할 변화가 민주주의 동력이었던 시민성의 핵심과 원칙과 같은 방법으로 논의된다는 것은 기본적인 것이다.

국민국가는 그에 대해 반론을 제기하는 방향으로 연구되고 있다. 그것은 근저에 있는 기반을 무너뜨린 자기

중심주의와 정치적으로 국민국가와는 별로 상관없는 포
괄적 논리에 해당하는 문제들 사이를 접근시키는 것이
다. 이러한 도전들에 마주하기 위해 국민국가는 이 두
가지 경우에서 전체적인 것과 개별적인 것, 정체성과 차
이를 결합하는 방식을 다시 만들어야 할 것이다.

　　민주주의라는 틀 안에서 다문화주의에 대해 의문을
제기하는 것은 정치와 (자기중심주의 모습 중에 하나인) 문
화가 어떤 관계를 맺는 것이 정당할 수 있는가에 대해
묻는 것이다. 국가주의 세력은 어떤 자리를 차지하는가?
문화적 다원주의에는 어떤 위상을 가지는가?

2. 문화다양성에 대한 사실

　　인류 역사에서 민족적 다원주의는 오래전부터 존재하
고 있었다. 우리는 역사를 거슬러 올라갈수록, 인구가 이
주하고, 집단들이 서로 섞이고, 영토가 합병되고 정복당
하거나 양도되고, 상업적 교역이 만들어지고 증대되고,
통합의 과정이 일어나고, 국경이 이동하는 모습들을 발
견하게 된다. 이러한 현상들은 모두 민족적 다양성이 이
루어낸 성과이다. 이러한 사실에서 에른스트 겔너Ernest

Gellner가 말한 '국가성의 원칙', 즉 국가적 정체성(흔히 윤리적이라고 말하는 것)과 법적인 단일체로 여겨지는 국가라는 것이 약화되어 가는 경향을 알 수 있다.[6]

이러한 움직임은 빠르게 진행되고 있다. 그 움직임은 일시적으로 이러한 추세를 거스르는 사실도 포함하고 있다. 그러나 아주 오랜 기간 동안 그러한 움직임은 전혀 부인되지 않았다. 이 모든 것은 세계화와 활발한 인구이동과 이민의 압박 때문이다. 그와 함께, 사람들은 민족의 다양화 과정이 계속 가속화되고 강화되어 간다고 믿게 되었다. 실제로 기업들과 개인들은 보다 더 유동적이었다. 확장과 발전의 열망에 고무되어 기업들과 개인들은 영토화의 논리에 보다 더 느슨한 관계를 맺고 있다. 그래서 사회학자 울리히 벡Ulrich Beck은 사회단체와 의사소통망, 상업적 관계, 삶의 방식의 다양성은 특정 지역과는 별개의 것이고 부분적으로 국가적 경계를 벗어나고 있다고 말한다.[7] 물론, 이 '노마디즘'의 현실을 인류학적 사실로, 현 사회의 지평으로 과장할 필요는 없다. (지금으로서는 정치적이고 환경적인 요인들보다 더 앞서) 특히 경제적 논리의 냉혹함이 그것들을 주요하게 뒷받

---

6) E. Gellener, *Nations et nationalisme*, Paris, Payot, 1989.
7) U. Beck, *Was ist Globalisierung?*, Francfort, Suhrkamp, 1997, pp. 18~19.

침 해주는 것과 같이, 그 어떤 요인이더라도 이민과 이동성의 증가가 계속 우리 사회의 모습 속에 다양성을 더욱 정착하게 한다는 사실이 변하는 것은 아니다.

이러한 움직임은 한 가지 사실로 발생하는 것은 아니다. 이들은 빈번히 경제적 필요, 혹은 가족 논리에 대응하면서 식민지 역사가 자국을 남긴 흔적에 나타날 수 있다. 또한, 지역적 통합 계획의 틀 안에서 요구되는 의견의 일치를 방해할 수도 있고, 역사적으로 정해진 디아스포라적 분산의 경로를 따라갈 수도 있다. 이런 다양한 경향들은 서로 결합하여 진정한 '초국가적' 공간을 구성한다. 이 초국가적 공간 안에는 이민으로 발생한 공동체에 다양한 배경의 문화적인 기준들이 공존할 수 있다. 이와 관련하여 북미의 멕시칸 공동체, 파리의 라오스 공동체, 마르세이유의 알제리 공동체들의 모습이 많이 연구되었다. 이들 이민은 부분적으로 국민국가의 사회적 상상이 전통적으로 보여주는 어휘들과는 별로 관계가 없다. 우리는 이 연구들이 더 이상 부자연스럽게 반복적으로 국민국가시대의 이민에 대해 강조하지 않는다는 것을 알고 있다. 다시 말해서 그들의 출발과 이동, 정책, 통합의 성공과 실패에 대해서 말이다. 때때로 그들과 별로 상관없는 이유로, 이 집단들은 출발지역과 도착지역을 뒤섞는 무정형의 공간 안에 있다. 만약 정착이라는 것이 언제나 어떤 단절을 의미한다면, 완전히 떠난 것도 아니고, 완전히 도착한 것도 아닌 이 공동체들은 새로운 형태로 사회적·정치적 영향력을 드러낸다. 우리는 그 영향을 그들이 출발한 원래 고장의 공동체에 대해서와 마찬가지로 지역적으로만 그들이 가진 경제적 영향력을 평가하면서 이해한다.[8] 몇몇 민족지학자들[9]은 '초국가적인 삶'의 출현에 대해 자세히 기술한 바 있다. 이 초국가적인 삶의 출현은 일상생활에서 원래 출발한 지역의 문화적 기준이 어떻게 정착한 사회의 진정한 '사회생활의 문화' 요소들에 자리 잡게 되는지 보여준다. 이는 킴리카의 공식을 통해서 다시 설명되기도 하였다.[10] 따라서 뉴욕에서의 멕시칸 이민자들은 자연스럽게 그들보다 먼저 정착한 가까운 사람들에게 관심을 가지게 될 것이다. 그러나 그들은 또한 지역적으로 비공식적인 지원망, 거주문제나 행정 절차에 대해 특별한 서비스들, 협력단

---

8) G. Rivera-Salgado, Mondialisation et démocratie: émigrés indigènes et activisme politique transnational, in R. Le Coadic, *Identités et démocratie, Rennes*, PUR, 2003.

9) R. C. Smith, *Mexican New York. Transnational Lives of New Immigrants*, University of California Press, 2004.

10) W. Kymlicka, *La citoyenneté multiculturelle. Une théorie libérale du droit des minorités*, trad. P. Savidan, Paris, La Découverte, 2001(1995).

체들에게서도 도움을 받을 것이다. 스미스가 강조한 바 대로 상대적으로 안정적인 거리에 있고, 문화적 정체성을 가진 기초시설들은 이민자들이 본래 출발한 나라에 관련을 가지면서 형성되었다는 것을 분명히 보여준다. 이민 인구는 정체성에 대한 다원주의의 증진에 이중으로 기여한다. 이민자들은 정착지역 세계화의 주역이기도 하면서, 비록 그들이 소유한 자본의 이동과 그들의 문화적 영향에 지나지 않는다 하더라도 그들이 원래 살던 지역의 운명에도 무시할 수 없는 영향을 미치게 된다. 이민을 떠나간 사람들을 통해서 아시아와 멕시코 인근 대륙으로부터 멀리 떨어진 마을들은 아무것도 하지 않고 세계화된다.[11]

이러한 역동성은 다원론 강화에 이바지한다. 이때 다원론은 사람들의 이동성 증가, 가족이민의 발달 그리고 기업과 문화·상업 네트워크의 국제화로부터 더욱 강화된다. 그리고 아마도 이 역동성 때문에 인정의 문제는 보다 복잡해질 것이다. 알다시피 그 이유는 우리가 여기서 정해진 출신에 의해서만 정의된 정체성을 가지고 있지 않기 때문이다. (비교적 잘) 통합된 이민자의 일상적 정체

---

11) A. Portes, "Globalization from below. The rise of transnational communities" (http://www.transcomm.ox.ac.uk/working %20papers/portes.pdf).

성과 원래 출신지의 정체성을 구분하지 못하는 초국가적이라고 일컫는 정체성으로, 우리는 독자적으로 정체성을 창조하고 이는 국경의 논리를 넘어서게 된다.[12]

하지만 우리가 이 새로운 경향으로 드러난 사실만 가지고 그 경향의 사회적 중요성을 과장하는 것 같지는 않다. 왜냐하면 이민으로 유입된 사람들은 정착한 국가에 다양한 방식으로 통합되기 때문이다. 그 이유는 그 사람들이 분명히 그들의 출신이나 역사에 따라 다르기 때문이기도 하지만 그들을 받아들이는 국가별로도 차이가 있기 때문이다. 전체적으로 보면 이민 계획은 국가의 틀에 의존하고 있다. 그래서 이러한 새로운 경향은 이민 현실의 핵심을 규정하지 않는다. 출신지역의 문화와 분명히 단절되게 만들고, 이민 수용국가에 정착하려는 지속적인 욕구를 통해 활발히 일어나는 전통적인 이민의 방식이 아직 남아 있다. 그때 수용국가는 굉장히 특별한 고도의 발전수준을 누리고 있다. 이러한 방식은 필요 때

---

12) 이런 이동성은 이민 프로젝트를 계속해서 정확히 설명해주기는 하지만, 단순한 '순환'의 프로젝트에 속하는 것은 아니다. 이 점에 대해서는 다음을 참조할 것. M. Peraldi, "Aventuriers du nouveau capitalisme marchand. Essai d'anthropologie de l'ethique mercantile", in F. Adelkhah, J.-F. Bayart, *Anthropologie du voyage et migrations internationales*, Fonds d'analyse des societes politiques, decembre, 2006. (http://www.fasopo.org/publications/anthropologievoyage_mp_1206. pdf).

문에, 그리고 어떤 방식으로는 이민을 받아들이는 국가가 품고 있었던 통합의 불가피성 때문에 강화되었다.[13) 그러나 이러한 필요는 통합이 완전하고, 정착이 지속적이어야만 충족될 수 있다. 그래서 우리는 이민이 유입되는 방식에서의 변화과정을 살펴볼 것이다. 이 변화과정은 이민을 수용하고 통합하는 방식에 변화를 불러오게 된다. 그러나 이민현상은 끊임없이 증대된다. 프랑스와 에랑François Héran이 인구통계에서 기술한 것과 같이 "프랑스 인구증가에서 이민이 증가한 부분은 필수적이다. 인구의 혼합은 계속되고 있고, 아무것도 이것을 막지 않을 것이다."[14) 만약 '이민의 미래가 우리의 미래라면', 그래서 우리에게 제기되는 유일한 문제는 이민에 찬성하는지 혹은 반대하는지 아는 것이 아니라, 그것을 실현하는 가장 최적의 방식을 정하는 것이다.[15)

만약 이민이 현대사회에서 문화적 다원주의의 증대에 상당히 기여한다 하더라도, 이민만이 그 유일한 이유는

---

13) 이 점에 대해서는 다음 논문을 참고 할 것. Christian Joppke, "Why liberal States accept unwanted immigration", *World Politics*, vol. 50, janvier 1998, pp. 266~293.

14) F. Héran, *Le temps des immigrés. Essai sur le destin de la population française*, Paris, Le Seuil, 2007, p. 105.

15) *Ibid.*, p. 13 et p. 105.

아니다. 많은 국민국가가 문화적으로 개별공동체들을 통합하면서 성립되었다는 사실 자체를 상기해보자. 이러한 통합은 어느 정도는 완전할 수 있었다. 그리고 동화는 어느 정도 전체적인 것이었다. 그렇기는 하지만 영어로 국민국가형성nation state building16)이라고 불리는 과정에도 '지역적인' 자기중심주의가 남아 있다. 그들 중 몇몇은 아직도 정체성 인정, 즉 자치권에 대한 요구를 하고 있다.

실제로 서로 구분된 민족집단 수는 국민국가들의 수보다 분명 중요하다. 오늘날 세계에 190개국을 상회하는 주요 국가들이 있지만, 그에 비해 각기 하나의 언어를 말하는 5,000개 정도의 민족집단들이 대략 600개 정도의 언어집단에 속해 있다.17) 이 단순한 사실로 우리는 전 지구적 차원에서 다양성이라는 사실의 중요성을 입증할 수 있다.18)

이 문화적 다양성은 영어가 소통언어lingua franca19)로 분

---

16) 이 표현은 한 정부가 정치와 정치제도의 발전 덕분에 단일한 정체성의 기반 위에 정치적 사회적 단결과 통일성을 보장하고 보장하기 위해 수행하고 있는 과정 전체(국가공용어 교육, 역사와 국가에 대한 시각의 증진)를 가리킨다.

17) A. de Swaan, *Words of the World. The Global Language System*, Londres, Polity Press, 2001, p. 1.

18) 아일랜드와 한국이 단일문화국가로 자주 소개되고 있다.

19) 이와 관련해서는 다음을 참조할 것. *mondial sur la culture*, de l'Unesco de, 1998.

명해져가고 있는 문화적 동일화와 대조적인 사실일 것이다. 그러나 이것은 아직 반대세력들이 활동하고 있다는 사실을 무시하는 일이다. 세계화는 상대적인 동일화에 대한 세계화의 실제 효과들로 요약되지 않는다. 세계화는 과거의 문화적 차이에 대한 보다 날카로운 인식을 가능하게 하고, 자주 그 차이를 없애도록 하는 것보다 그 차이를 경제적으로 이용한다. 바로 이런 맥락에서 국제적으로 인정된 세계문화 다양성을 보호할 필요를 다시 인식해야 한다. 2005년 10월 20일 파리에서 열린 유네스코 33회 총회에서는 거의 만장일치로 문화표현의 다양성 보호와 증진에 대한 협약20)을 채택할 수 있었다. 이 협약의 목적은 2001년 11월 2일에 채택되어 문화적 다양성 그 자체를 유산으로 만드는 원칙을 제시하는 유네스코의 보편선언21)에 대한 법적 발효를 가능하게 하는 데 있었다.

이러한 발전은 동시에 새로운 단계가 시작되는 신호이다. 민족적 다양성이라는 사실은 점점 더 규범적 성격을 띠고 있다. 바로 이러한 차원에서 다양성의 보호는 문화적 동일화의 사회경제적 과정과 균형을 이루거

---

20) http://unesdoc.unesco.org/images/0014/001429/142919f.pdf.
21) http://unesdoc.unesco.org/images/0012/001271/127160m.pdf.

나 유럽에서의 경우처럼 문화적 다양성이 국가적인 틀 안에서 민족출신을 이유로 한 차별의 추방을 알린 것과 같이, 이미 시작된 지역적 통합의 메커니즘을 위협하고 있다.

3. 다문화의 사실

우리는 이러한 변화만이 가지고 있는 민족·정치적 초점의 범위를 명확히 하도록 노력해야 할 것이다. 그러나 우리는 이미 소수자들의 권리보호에 대한 생각을 통해, 전통적 통합 모델들의 변모에 대한 요구가 모습을 드러내고 있다는 것을 강조한 바 있다.

다문화주의는 지금 정착하고 있는 통합개념이다. 이것은 민주국가의 의무로서, 그 국가는 한편으로 그 나라의 인구를 의미 있게 구성하고 있는 민족집단의 다양성을 '인정'해야 한다. 다른 한편으로 가능한 한 가시적인 원칙들을 기반으로 그 문화적 다양성을 조화시키려고 노력해야 한다. 다문화주의 개념은 결과적으로 인정 안에서 엄격한 공평성의 원칙을 토대로 세워진 동화주의 관점의 포기를 말하는 것이다.

이러한 역동성은 냉전이 끝나면서 더욱 강화되었다. 실제로 1989년 베를린장벽이 무너지면서 민족 간 분쟁이라는 새로운 시대가 시작되었다. 완전히 재구성되고 있는 세계에서 다수자들의 권리에 대한 존중을 바탕으로 하는 다문화주의 형태통합을 증진하는 것은 바람직한 것으로 보인다. 분명한 목적은 민족 간의 평화적 관계를 회복하고, 위험과 분쟁을 예방하는 데 있다. 국제적 조직들은 이러한 차원에서 매우 중요한 역할을 했다. 이들은 '다문화주의 정치담론'[22]을 전 세계로 전파하는 데 기여한 바 있다.

그러나 만약 이러한 사실로부터 정치로서의 다문화주의가 근본적으로 소극적인 성격을 가진다고 결론을 도출하는 것은 아마도 잘못된 일일 것이다. 다문화주의 교리는 사실 1960년부터 민주주의의 활력이 확대되면서 형성되었다. 그러한 민주주의적 활력은 이민국가인 미국, 캐나다, 호주 등에서 영향을 미쳐왔다.[23] 다문화주의의 잠재적인 증대와 확산은 소극적인 것만은 아니었

---

22) W. Kymlicka, *Multicultural Odysseys: Navigating the International Politics of Diversity*, Oxford, Oxford University Press, 2007.

23) W. Kymlicka, *Etats du multiculturalisme*, Raison publique, no. 9, novembre 2009, pp. 31~44.

다. 그러한 사실은 보다 자유화와 민주화의 역동성을 강화, 심화하고 있었다.

이 과정에서 혜택을 본 첫 번째 사람들은 미국과 캐나다의 캐나다, 뉴질랜드의 마오리족, 호주 원주민 등과 같은 토착민들이었다. 그들의 요구는 1970년대에는 전체적으로 사회 안에서 특수한 집단으로서 존재할 수 있는 그들의 권리를 인정해 달라는 것에 이르렀다. 또한 그들은 정부형태의 자치권을 포함해 어떤 수준의 자신들만의 견고한 권리를 보호받고자 했다. 동시에 '국가수준의 그룹들'은 체제인정의 혜택을 누렸다. 이 국가수준 그룹의 구성원들은 분명히 구별된 영역에서 살고 있다. 이 사람들은 나머지 다른 사람들과 구별되는 특수한 문화를 가지고 있다(캐나다의 퀘벡인들, 벨기에의 플라망인들과 왈론인들, 스페인의 바스크인 등). 이 국가수준 소수자가 누리고 있는 인정의 수준은 지역적 자치권을 가지는 정도였다. 이후 이민으로 발생한 그룹들이 생겨났다. 이 그룹들은 개인적, 가족적, 때로 이민정책의 배경에서 수행된 결정으로 인해 형성되었다. 일반적으로 이 그룹들의 요구는 분명히 제한된 범위 안에서 이루어졌다.

국가적 배경과 통합을 이루는 개념에 따라, 다양한 형태의 소수자들이 요구하는 바를 특별히 고려하는 문제는 서로 다른 시기에 제기되었다. 그러나 다문화정책의 목표는 일반적으로 차별을 반대하고, 개인의 균등한 존엄성을 인정하기 위한 것이다. 이것은 소수자들의 민족적 정체성을 그들이 부인하지 않아도 된다는 것으로 해석될 수 있다. 이 사실로 인해 소수자는 자신의 언어, 문화적 실천을 보호할 수 있는 권리를 인정받았고, 여러 면제의 혜택도 받게 되었다. 때로 사회생활(교육, 중재 등)의 여러 분야를 관리하는 데 있어서의 어떤 자치권을 누리게도 되었다.

하지만 모든 정치적 교리처럼 다문화주의는 모호하고, 그 안에 문제점들이 존재한다. 다문화주의의 정치·사회적 귀결들은 그것의 전제가 아니라 민주-자유적 성격에 상당히 의존하고 있다. 다르게 말하면 그가 사용할 수 있는 다양한 형태로 인해 자유를 약화시키기보다, 강화할 수 있는 다문화주의 능력에 의존하고 있는 것이다.

다문화주의 정책 때문에 발생하는 대중의 논쟁은 개인적, 집단적인 사회관계 속에서 형성된 개념들을 끌어들이기 때문에, 매우 격렬하고 심각한 대립을 야기할 때도 있다. 그러나 상당한 부분의 긴장은 대게 오해나 민주적 다문화주의의 본성과 그것의 문제점에 대한 아주 낮은 이해 때문에 무시할 수 있는 과장들을 통해 설명되기도 한다.

이 연구의 범위에서는 이러한 선택을 해야 하는 것을 피할 수 없다. 다문화주의라는 주제는 매우 다양하게 다루어져 왔다. 인문과학의 각 분야는 이 문제에 대해서 정당하고 유용한 시각을 가지고 있다. 하지만 그들이 다문화주의에 기여한 모든 것을 다 설명할 수는 없다. 그만큼 다문화주의에 대한 연구는 일반적인 접근으로는 불가능하다. 특히 국가적·사회적·정치적·문화적 배경에 따른 수많은 변수들이 개입하는 이 문제들에 대해 설명하기 어려운 부분들도 산재해 있다. 다문화주의에 연구하기보다 공간이라는 요건에 의해—그러나 이것이 아주 흥미로운 사실이다—최종 결론에서 우리는 다문화주의를 다문화주의의 규범적 원칙과 정치·민족적 초점의 시각에서 이해하려고 계획하였다. 이러한 접근을 통해, 특히 다문화주의 정책의 적용과 실효성에 대한 문제에 대한 연구를 보다 진척시킬 수 있다.24) 여기서 문제시하는 다문화주의는 원칙적으로는 여러 신념, 의도, 열망들을 떠올리게 만든다. 바로 그러한 것들이 우리가 확인하고, 증명하려고 하는 것이다. 인정에 대한 현대적

---

24) W. Kymlicka, *Evaluating liberal multiculturalism in practice, Multicultural Odysseys*, Oxford, Oxford University Press, 2007, pp. 135~167.

요구는 어떤 논리 속에서 나타나는가(1장)? 이러한 요구는 제도적으로 국가의 권리를 가지기 위하여 어떤 반대에 대응해야 하는가(2장)? 국민국가에서 자리 잡고 있던 시민 통합의 모델에 대한 재검토를 정당화할 주된 논거는 어떤 것인가(3장)? 이러한 다양한 문제들에 대한 고찰을 통해, 다문화주의의 초점들이 보다 더 명확하게 파악될 수 있을 것이다. 이때 다문화주의는 우리 시대의 제한 요소들을 잘 아우르면서 결국 차이에 대한 권리를 인정하고 사회적 자유와 안정성에 대한 개인적 필요에 대응하는 통합모델의 조건과 한계를 설정하는 데이른다(4장).

민주적 평등의 변화

하나의 사실로 규칙을 만들 수 없다고들 한다. 그러므로 다문화주의 모델의 확산되었다고 해서 그 모델의 정당성이 밝혀지는 것도 아니고, 다문화주의가 취할 수 있는 형태들의 정당성을 묻지 않고 넘어갈 수도 없다. 문제는 우리가 다문화주의자들과 그 반대자들 사이에서 한 진영은 전적으로 옳고, 반대로 다른 진영은 전적으로 그르다고 생각하지 않는 것이 중요하다는 것이다.

이러한 함정을 피하기 위해서 민주주의 경험의 오랜 역사에 다문화주의의 핵심문제를 다시 제기해보아야 한다. 우리는 오직 그 지점에서부터 인정의 요구에 다문화주의의 의미와 그 완전하고 충만한 영향력을 부여할 수 있다.

1. 동일한 자의 평등

민주주의적 사고의 출현을 설명하기 위해서는 종교적·지적·정치적·경제적 질서에 대한 문제들에 그것을 연결하여 설명하는 것만으로는 부족하다. 그 다문화주의, 만약 그것이 우리가 겪고 있는 '민주주의 변화'가 개인이 타자를 경험하게 되는 방식에 개입하는 보다 근본적인 여러 변화들 때문이라는 것을 아우르지 않는다면 설명은 어쨌든 약간은 간략해질 것이다.

귀족 계층은 계속해서 붕괴되었다. 그와 함께 신분상의 평등과 독립도 진행되었다. 개인들이 자신이 다른 사람들과 동일한 자라는 것을 깨닫게 된 덕분이었다. 개인들은 이제 자신이 속해 있는 사회보다 상위 단계의 구성원들과 자신을 비교하게 되었다. 다시 말해 개인들이 인류 전체의 구성원들과 자신이 동일한 자라는 것을 깨닫게 된 것이다. 그로부터 인간은 다른 인간을 인간 그 자체로, 즉 자신과 동일한 인간으로 보게 되었다. 이러한 관점에서, 근대 민주주의는 우리가 이어받고 지적·제도적으로 그 효과를 알 수 있는 인간 사이의 평등 표현을 공동으로 획득했다는 것을 보여준다.

그리고 '민주사회란 무엇인가?'라는 질문에 우리는

한 사회에서 새로운 타인의 경험이 발전했다는 것으로 대답할 수 있을 것이다. 이러한 경험은 인간성에 대한 개념이 근본적으로 다시 형성되었다는 사실에 바탕을 두고 있다. 그리고 이것은 차이의 제거로부터 구상된 것이다.[1]

민주적 태도라는 것은 자신과 동일한 타인에 대한 경험을 바탕으로 한다. 이 태도는 생각하는 방식뿐만 아니라 느끼고 믿고 행동하는 방식에서도 드러났다. '함께 살기의 원칙들'은 세계를 이해하는 데 필요한 근본적인 원칙으로 제시되었고, 이 이해는 '귀족적 인간성'을 대신하여 도래한 '민주적 인간성'에 속하는 것이다.

이러한 결과로 신분이 평등해지고 세계의 질서 위에 형성된 '자연적인 계층'이 점진으로 붕괴하며, 개인주의와 개인의 자립이 진행되었다. 이러한 현상들은 장차 귀족사회를 민주사회로 교체하는 데 기여하게 된다. 하지만 어떤 논리에 따라 이러한 변화가 진행되는 것일까?

귀족들은 자연적 질서와 규범적 질서를 혼동하고 있었다. 바로 이러한 사실이 신분평등에 걸림돌이 되었다. 다시 말해서 귀족들은 사회질서(그리고 권력관계)를 구성

---

[1] Nous suivons ici les analyses que propose Robert Legros de ces mutations dans *L'avènement de la démocratie*, Paris, Grasset, 1999.

하는 모든 소속관계들이 본질이나 자연에 속하는 것 같다고 여겼다. 이렇게 소속관계들이 형성되기는 했지만, 그것들은 전혀 어떠한 결정이나 규약에 관련된 것이 아니었다. 계급의 원칙은 본질적인 소속관계에 의해 등급이 결정됐고, 개인에게 그러한 등급작동은 사물의 자연적인 순환으로 이해되었다. 이것은 이러한 상황에서는 규범의 질서로부터 자연의 질서가 구분되지 않는다는 것을 말한다.

그렇기 때문에 귀족사회에서 개인의 사회계급을 결정하는 소속관계는 그 개인의 본질적인 정체성을 결정한다. 소속관계는 개인에게 자신이 속한 집단과 사회에서 자신의 의무를 알려준다. 왜냐하면 귀족들의 생각에는 각 개인은 원래 타고난 자신의 모습 이외에는 어떤 것을 바랄 수 없기 때문이다. 다시 말해서, 개인은 태생에 따라 정해진 자신의 길을 가야만 하는 것이다.

이러한 관점에서 계층은 초월적인 원칙에 근거하고 있다. 그 초월적인 원칙은 바로 자연적 질서와 규범적 질서의 결합을 말한다. 이는 자연적 질서에 대한 이론적 혹은 초자연적 형성을 가정하는 것이다. 실제로, 귀족들에게 세계의 질서는 자연적이면서도 초자연적인 것이다. 법과 규범 전체 그리고 그것들을 정당화하는 원칙은 바로 이러한 초인간적인 권력에 그 근거를 두고 있다.

다른 말로 하면 계급은 그 자체로 신성한 것이다. 따라서 그 계급이 또한 인간관계를 구성한다는 사실은 아주 자연스러운 일이다. 완전한 귀족사회에서 개개인은 자신의 본성으로서 자신의 본질을 받아들여야 했을 것이다. 그런데 (우리가 태어나면서 부여받은) 이 본성은 자연스럽게 생활, 생각, 신념 등의 방식들로 작용하게 되었다. 그래서 귀족사회의 구성원들은 자기 자신의 본성에서 나오지 않은 것에 대해서는 소속관계들에서 온 것이라고 철저히 믿고 있었다. 다르게 말하면 이것은 아마도 귀족주의artistocratisme가 공동체주의communautarisme이고―이런 의미에서 속박에서 벗어난 자아의 개념은 여기서 시민권을 얻을 수 없을 것이다―정확히는 이미 계급원칙을 포함하고 있는 실체론적 공동체주의라고 말할 수 있을 것이다. 왜냐하면 만약 모든 공동체주의들이 계급적 성격을 가지고 있는 것이 아니라면, 타자에 대한 경험은 귀족사회에서 일단은 공동체 안에서의 계급에 대한 경험 이상의 것이 아니기 때문이다. 이러한 경험은 차이에 대한 경험으로 나타나기 마련이다. 차이에 대한 경험이라는 것은 인간들의 생물학적, 형이상학적 혹은 종교적 유사성에 대한 경험과 대립하는 것이다. 그리고 이 차이에 대한 경험은 정치적 혹은 사회적인 것으로 나타나기도 한다. 이렇게 우리는 인간성을 일상에서 차별화된 것으로 경험한다. 우리가 이 차이들을 인간성의 등급에 대한 차이들로 경험한다는 것만 제외한다면 말이다. 왜냐하면 사회의 (자연적, 초자연적) 계급은 어떤 점에서는 개인의 인간성 등급을 결정하기 때문이다. 요약하면 (실체주의) 귀족사회 인간들은 타자(타인)를 근본적으로 인간으로 생각할 수는 없다.

계급적이고 공동체적 성격을 가진 조직이 자연적인 것처럼 보였기 때문에, 귀족질서가 요지부동이라는 느낌을 줄 수 있었다. 하지만 계급평등, 인간의 자율성, 개인의 독립이라는 원칙들이 점진적으로 사람들의 마음속에 자라나면서, 인간 존재들은 점점 본질적으로 서로가 유사한 존재들이라는 것을 깨닫게 되었다. 그리고 그들은 순순히 자신이 인간성 속에 속해 있다고 느끼게 되었다. (자연적이지도 초자연적이지도 않은) 귀족적 계급질서를 구성하는 원칙들에 대한 순수한 규약적 성격이 점진적으로 그 모습을 드러날 수 있었다. 사회·정치질서의 규약적 성격의 발견은 공동체적 삶의 조직에 영향을 줄 뿐 아니라 인간이 자신의 고유한 인간성과 인간들 사이에서 얻은 관계들에서 얻은 경험을 근본적으로 변화시킨다. 결국, 계급원칙의 후퇴는 공동체가 사라지고, 이와 상대적으로, 점차 주체가 스스로 자신의 경험을 만들어 나간다는 것을 함의한다.

이렇게 분리의 시대가 온 것이다. 다시 말해서 자연적인 것은 초자연적인 것과 분리된다. 자연적인 것은 규범적인 것과 분리된다. 그런데 만약 법이라는 것이 자연에도 초자연적인 어떤 것에도 기반을 두지 않고 만들어질 수 있다면, 법은 우선 규약 위에서 만들어져야 할 것이다. 이와 상대적으로, 전통은 그 이후부터는 그저 전통 자체로 남게 된다. 다시 말해 전통은 자연적이고, 규범적이고 초자연적인 것이었지만, 이제 그것은 인간들의 비판과 그들의 변화의 의지가 이끄는 질서에서는 현실적이지 않고, 사소한 기반이 되어 버린다.

출생이 모든 것을 결정하던 인간들 차이에 대한 표명은 동일한 사람인 타자의 새로운 경험에 대립할 수 없게 될 것이다. 따라서 모든 소속관계들은 그것들을 정의하던 본질적이고 자연적인 성격들을 모두 잃게 된다. 차이는 이제 사라진다. 그 차이들은 더 이상 자연스러운 것이지 않게 된다. 따라서 로베르 르그로Robert Legros가 정확히 적었던 것처럼 그 관계들은 "비본질적이고, 우연하며, 사소한 것" 이상이 아니다. 인간성에 소속되는 것이야말로 본질적인 것으로 인지된다. 칸트의 유명한 격언에 따르면, 이제 우리가 해야 할 일은 각 개인을 하나의 궁극적인 목표로 대하는 것이다.

따라서 민주사회의 새로운 맥락 속에서 정체성의 인정은 인간성이 가진 것보다 포괄적인 지평 안에 속한 개인의 주장에 따라 이루어진다. 그것은 이제 소속에 따라 이미 결정된 공동체와는 아무 관계가 없다. 이러한 사실에서부터 타자는 우선 나에게 나와 동일한 것으로 출현하게 된다. 그리고 나에게 나타나는 차별화된 타자의 특성들은 부차적이고, 사소한 것이며, 우연한 것, 즉, 소속관계가 다양하고 상황에 따른 맥락과 관계된 것들일 뿐이다. 따라서 세계의 민주주의 경험은 각 개인의 사고를 가정한다. 이 각 개인의 사고에서는 우리가 가진 모든 차이들(특히 우리의 문화, 국가의 차이들)을 추상화하는 우리의 정체성에 대한 공동경험이 가장 중요하다.

확실히 공동경험 속에서 이러한 재구성은 빠르게 진행되었을 것이다. 그리고 이 재구성은 복잡한 현실의 중요한 일부분을 어쩔 수 없이 간과해 버릴 수밖에 없을 것이다. 이 재구성이 동일화의 효과를 유발하더라도 말이다. 그러나 우리는 이 이야기를 통해 역동적 민족–사회의 변화를 더욱 뚜렷하게 제시할 수 있다. 그 변화는 정치적, 사회적, 도덕적으로 분명한 영향을 미쳤다. 그 영향을 증명하는 것은 바로 그에 대한 저항이다. 이 저항을 촉발했던 것은 동일한 자의 범주에 드는 타자가 가진 민주주의 경험의 모습과 같은 윤리적 형태를 자리 잡지 못하도록 만들어야 한다는 감정을 만들어낸 모든 발전이다. 다문화주의에 대응하는 모든 논리들을 이해하기 위해서는 바로 이 단계에서 질문을 던지도록 하는 것이 좋겠다. 왜냐하면 다문화주의의 성격이 복잡할 때, 이 경험이 인정에 대한 민주적 열망을 잘 설명할 수 있을 것 같지 않기 때문이다.

ㄹ. 정체성의 민주적 변모

인정과 정체성 사이에 선택적 관계가 있다는 것이 그 이후부터 확실해진 이유는 무엇인가? 작가, 철학자, 심리학자들은 오래 전부터 한 주체의 경험이 타자의 경험(그리고 타자로서의 자신의 경험)을 참고한다고 강조한 바 있다. 19세기 초, 독일의 철학자 헤겔은 분명하게 '주인과 하인의 변증법'이라는 것으로 이러한 생각을 분명히 밝혔다. 만약 우리가 이 논제의 교훈을 요약한다면, 그것은 다음과 같은 것이다. 타인을 보고, 인정하는 것은 분명히 자신의 정체성을 정의하는 데 도움을 준다. 이러한 사실은 우선 어떤 정체성은 존재하지 않는다는 것을 의미하고, 그 다음은 정체성의 문제가 아닌 인정의 문제가 제기된다는 것을 의미한다. 그러나 한편으로 이것이 의미하는 바는 인정이 정체성을 실현한다는 의미에서 정체성을 정의하는 과정에 개입한다는 것이다. 헤겔이 철학적으로 공식화한 이러한 생각은 사회과학 분야에서 다양한 방식으로 발전되었고, 심화연구 되었다. 어찌 되었든 간에, 그것은 몇몇 가능한 근거들을 보여주거나, 뒤르켐Durkheim[2]과 같이, 이러한 척도에서 개인과 사회관계를 생각해보자고 제안하거나, 조지 허버트 미어드George Herbert Mead의 '방법처럼 자기self와 정신의 사회성'[3]에 대해 의문을 제기하기 위한 것이다. 모든 관점들이 다양한 이유와 방식으로 개인의 정체성 형성을 위해 타인과의 관계 혹은 사회와의 관계가 가지는 중요

---

2) E. Durkheim, *La division du travail social*, Paris, PUF, 2004(1930). 이 점에서 대해서는 세르쥬 포감(Serge Paugam)의 설명을 보는 것이 아주 유용함. Serge Paugam, *Le lien social*, Paris, PUF, ≪Que sais-je?≫, 2008.

3) G. H. Mead, *L'esprit, le soi et la société*, présentation par D. Céfaï et L. Quéré, Paris, PUF, 2006(1934). 이 점에 대해서는 다음 저서를 참고할 것. H. Joas, *La créativité de l'agir*, trad. par P. Rusch, Paris, Le Cerf, 2008(1992), p. 195 sq.

성을 강조한다.

실비 므쥐르, 알렝 르노는 이러한 관점에서 그들이 현대 민주적 정체성의 패러독스들이라고 칭했던 것을 공식화하려고 많은 노력을 기울였다.[4] 이러한 주제의 핵심문제들을 분명히 설명하기 위해서 그들은 우선 타자의 경험(그들은 이것을 또한 이타성異他性, alterité의 경험이라고 말했다)에 대한 가능한 다양한 개념들을 구분할 것과 그 것들을 공시적인 방식으로 이해할 것을 제안했다. 달리 말하면, 이들은 이타성에 대한 다양한 개념을 특정한 경향을 가지고 이어져 내려온 것이라고 생각한 것이다. 왜 냐하면 타자의 경험은 항상 같은 형태와 내용을 가지고 있는 것은 아니기 때문이다. 그러나 그들의 연구가 단지 묘사적이거나 규범적 관점에만 속해 있는 것은 아니었다. 그런 의미에서 그들의 연구는 우리가 지향하는 지평을 가리키고 있다. 이들은 세 가지 모델을 꼽았다.

근대적 (혹은 민주적) 체계에서 타자는 우선 동일자로 제시된다. 그것이 의미하는 바는 타자가 나와 같이 한 사람, 즉 한 주체라는 것이다. 따라서 우리가 같은 권리들을 부여받았다는 것은 당연한 일이다. 인간 존재는 인

---

4) S. Mesure, A. Renaut, *Alter ego. Les paradoxes de l'identite democratique*, Paris, Aubier, 1999.

간 존재로서, 나에게 나와 동일한 자로 출현한다. 그리고 우리 내부의 동일자에 속해 있는 것(우리가 공통적으로 가지고 있는 것)이야말로 바로 주관적 권리로서의 권리들이 자리 잡는 기반으로 여겨질 수 있다. 이러한 관점에서 일종의 이타성의 감소와 유사성의 증진이 발생한다. 타자는 나와 (역사적으로 이에 대해 노예나 여성들의 권리인정과 같은 비극적 실패도 있었음을 인정하자) 동일한 자로 자리한다. 이것은 우리의 차이를 나타낼 수 있을 모든 것을 제외하고 생각했을 때만 가능하다. 이제부터 근본적인 것(토크빌이 기독교의 출현을 상기시켰던 관점에서)은 바로 인간존재들의 실체적 정체성이다. 본질적으로 우리는 동일하고, 우리는 우연한 경우에만 서로를 다르다고 말할 수 있다. 이것을 다르게 말하면, 우리의 차이점들, 즉 문화, 인종, 종교, 성별 등은 본질적인 것이 아니다. 또한 인간과 시민의 권리선언문la Déclaration des droits de l'homme et du citoyen으로 우리가 그렇게 생각하는데 익숙해지도록 만들었다. 인류의 동질성은 차이의 제거를 통해 얻어진다.

이 모델은 확실히 흥미를 끌 만한 힘을 가지고 있다. 그러나 문제가 있다. 차이의 제거는 역사적으로 지배 혹은 동화의 목표를 표방하는 정체성을 위하여 몇몇 차이

점을 부정하는 형태를 취할 수 있었다. 국민국가에서 이 문제는 분명히 복잡하게 전개된다. 모든 차이점들이 동화되기 시작하는 이러한 정체성은 그 자신을 개별적 정체성으로 받아들이는 것이 아니라, 그 자신이 보편성을 독점한다고 표방한다. 그렇듯 우리는 파리지역의 이름이 아닌 이성, 진보, 자유, 평등, 법의 보편성의 이름으로 브르타뉴의 정체성을 부정하는 것이다. 이 담론에서 우리는 차이를 비물질화(이것은 국민국가의 민족적 중립성의 원칙을 말한다)해야 할 필요성을 상기해야 할 것이다.

차이에 무관심한 이런 견해는 헤겔을 계승하고 있다고 자처하는 악셀 호네뜨가 '인정을 위한'[5]이라고 부를 수 있었던 것으로부터 유래한 여러 비판들의 대상이 되었다. 하지만 우리는 지금 다루고 있는 이 모델에 대한 이의제기 때문에 몇몇 위험에 빠질 수 있다는 것을—인정정책에 반대하는 사람들은 이것을 반드시 이야기 한다—인정해야 한다. (몇몇 사람들이 발칸화balkanisation라고 부르는) 사회의 분열의 위험, 민족문화공동체 간 관계의 경직화, 어떤 자유나 개인의 권리를 문제시할 때 생기는 공동체들 간의 연대관계의 약화가 우리가 만날 수 있는

---

5) A. Honneth, *La lutte pour la reconnaissance*, trad. par P. Rusch, Paris, Le Cerf, 2002(1992).

가장 첫 번째 위험이다. 따라서 제기해야 할 문제는 다음과 같다. 어떻게 하면 우리가 (타자에 대한) 배제의 방식을 택하지 않고 차이를 다시 중시하고 인정할 것인가? 다르게 말하면, 우선 민족문화적 특수성에 어떠한 지위를 부여할지 정하고, 그 지위가 제도적·정치적으로 특수성을 고려하는 것을 정당화할 수 있을지에 대해서도 명확히 해야 한다. 이때 다문화주의 이론가들 전체가 인정하듯이, 그러한 인정이 (특히 연대와 공평성의 다양한 모습들에서 나타나는) 보편성을 해칠 수도 있으리라는 것을 알아야 한다.

개인이 자신의 정체성을 깨달으려고 할 때 사용하는 방식에 개입하는 변화들 역시 어려운 문제를 초래한다. 그 문제는 그러한 변화들이 유발한 모든 논쟁들이 다시 시작된다는 것이다. 구체적으로 말하면, 인정과 정체성에 대한 정책들은 인간들에게 도덕적·법적 평등이라는 근대의 이상에 반박할 수 없고, 그 이상을 더 잘 실현할 수 있는 (필수불가결의?) 방식일 수도 있지 않은가? 실비 므쥐르와 알랭 르노가 제시한 유형학과 미셸 비에비오르카[6]가 주장한 관점에서 우리는 새로운 체계를 엿볼

---

6) M. Wieviorka, *La différence*, Paris, Balland, 2001.

수도 있을 것이다. 이 체계는 보다 복잡해진 타인의 경험에 근거해야 할 것이다. 왜냐하면 이는 불평등을 끌어들이지 않고 차이를 고려하는 것이 중요하기 때문이다. 그 체계가 가지는 목적은 '분명해진' 민주주의 사회들의 답답한 경향을 거부하는 것이다. 바로 이러한 사회가 추구하는 보편성에 대한 확신은 항상 차이를 희생(그 차이의 가치를 절하하거나, 더 심하게 말하면 철저하고 단순하게 그런 차이들을 뿌리 뽑는 것)하여 만들어지는 것이다.

다르게 말하면, '정체성의 중심에 차이를 자리 잡게 하는 것이 중요하다'. 즉 '평등에 그 차이를 복원시키는 것이 중요한 것이다'. 이때, 근본적으로 민주주의의 역동성 속에 내재해 있는 평등의 추구는 그 자체로 차이의 인정을 추구할 때는 자기 자신을 넘어서는 일이라는 것을 알아야 한다.

차이의 보장은 민주주의 사회가 건설된 기반 위에 있는 원칙들과 모순되는 것은 아니라, 평등의 역동성을 수행하고 차이 속에서 평등의 참신한 형태로 출현할 것이다. 매우 일반적인 단계에 문화의 복수성을 이해하는 방법인 다문화주의는 보다 근본적인 문제로 자리한다.

3. 인정의 윤리학

이 문제를 정치적인 차원으로 검토하기 전에 우선 그런 차원에 자양분을 제공하는 가치론과 규범의 변화를 평가해야 한다. 캐나다의 철학자 찰스 테일러Charles Taylor는 아마도 인정의 정치에 대한 윤리학이 힘을 얻고 있다는 것을 밝혀내는 데 가장 공헌한 학자이다.[7] 그는 다양한 움직임에서 인정의 윤리학의 힘을 발견하였다. 국가주의자들의 힘, 소수자 그룹, 여러 페미니즘의 형태들이 그러한 예들이다. 그에 따르면, 이 모든 것들은 다양한 단계에서 인정에 대한 필요와 요구를 제기하고 있다. 그 목표는 근본적으로 부족함을 보충하고, 인식을 교정하는 데 있다.[8] 찰스 테일러는 실제로 개인의 정체성이 인정의 형태들에 깊이 관련되어 있다는 원칙에서 출발한

---

7) 테일러의 여러 저서들이 이 질문들을 다루고 있다. 그러나 우리는 그의 논문「인정의 정치(La politique de reconnaissance)」(1992)가 그 개념의 윤곽을 보여준다고 생각한다. 여기서 우리는 그 논거들을 재구성할 것이다. 이 논문은 테일러의 다음 저서에 다시 실린 바 있다. Ch. Taylor, *Multiculturalisme. Difference et democratie*, Paris, Flammarion, 1994.

8) 인정에 대한 개괄적인 의미를 알기 위해서는 다음과 같은 저서들을 볼 것. P. Ricoeur, *Parcours de la reconnaissance*, Paris, Gallimard, 2005; A. Honneth, *La lutte pour la reconnaissance*, *op. cit.*, 그리고 다음 논문을 특히 주목해서 볼 것. C. Lazzeri et A. Caille, "La reconnaissance aujourd'hui. Enjeux theoriques, ethiques et politiques du concept", *la Revue du MAUSS*, no. 23, 2004, pp. 88~115.

다. 그래서 그는 '인정이 단순히 사람들 사이의 예의'가
아니라 '인간에게서 가장 중요한 필요'라고 확신할 수
있는 것이다.[9] 정체성에 영향을 미치는 병리학은 두 가
지 종류가 있다. 그 첫 번째는 인정의 부재에 관심을 가
진다. 이때 인정의 부재는 정체성이 거부된 사람들의 일
종의 비가시성 형태를 초래한다. 두 번째는 인정의 부재
가 아니라 '잘못된 인식'을 지적한다. 이 잘못된 인식이
끼치는 영향은 그러한 인식을 겪은 사람에게 그 자신들
이 제한되고 비천하게 보이고, 무시당할 수 있는 이미지
를 가지고 있다고 생각하게끔 하는데 영향을 미친다. 테
일러에 따르면, "무인식 혹은 부적절한 인식은 피해를
유발하고 억압과 같은 형태를 만든다. 그러면서 그러한
인식들은 어떤 이들을 잘못된, 왜곡된, 그리고 축소된
존재로 가두어 버린다". 이와 상대적으로, 인정에 대한
요구는 한편으로는 가시성에 대한 요구이기도 하고, 특
정한 정체성의 표상들에 대한 재검토에 대한 요구이기
도 하다. 테일러는 인정의 병리학적 형태들이 대단한 고
통을 유발한다고 생각한다.

　이러한 이론은 후기 식민지사회[10]를 고려할 때 핵심

---

9) Ch. Taylor, *Multiculturalisme. Difference et democratie*, Paris, Flammarion, 1994. p. 42.

적인 것으로서 인간의 의식이 타자와 사회의 관계들 외부에 그리고 독립적으로 형성되어 있는 것이 아니라는 전제에 근거하고 있다. 프래그머티즘 철학자인 미어드가 강조한 바대로, "의식의 내용은 사회적 상호작용의 산물일 뿐"이고 그 의식의 발달은 근본적으로 "타인의 태도를 차용하는 것일 뿐이다."11) 그래서 자아는 그가 속해 있는 그리고 그 자아의 위상을 고정할 수 있도록 하는 공동체 조직에 의해서 만들어 진다. 미어드에 따르면, "공동체의 구성원으로만 자아는 자아인 것이다. 개별적 개인을 만드는 첫 번째 질료는 어떤 자아가 아니라 공동체 속의 다른 구성원들과의 관계이다."

이러한 사회적 상황 안에서 자아의 실현으로 인해 개인성의 부재가 나타나지 않는다. 왜냐하면, 그 개인성의 부재는 사회적으로 확산된 행동의 모델들을 개인적으로 고려하는 방식에 근거하고 있기 때문이다. 그러나 이러한 사고에서 유래한 개인의 정체성은 그 안에 정체성이 근본적으로 다른 구성원들과의 관계로부터 얻는 소재를 포함하고 있다. 악셀 호네뜨Axel Honneth는 다른 프

---

10) 이와 관련하여 다음 저서를 생각해 볼 수 있다. Frantz Fanon, *Les damnés de la terre*, Paris, La Decouverte, 2004.

11) G. H. Mead, *op. cit.*, p. 253.

래그머티즘 철학자인 존 듀이가 이러한 전제로 인해서 "우리의 반성적 사고는 질적인 상호행위의 경험 속에서 자신의 근간을 잃어버렸을 때, 병리학의 발전이라는 위험을 마주치게 되는 것이라고 생각할 수 있었다".[12] 이러한 인정이 정치의 대상이 될 수 있으려면, 인정에 대한 망각이 병리학적인 것일 뿐만 아니라, 인정 때문에 특정집단의 구성원들이 자기 자신들에 대해 경멸적인 이미지를 택하는 경우와 같이, 그 인정이 취하고 있는 형태가 역시 병리적이라는 것을 생각해야만 한다. 왜냐하면 구성원들은 그 병리학적인 혹은 부적절한 인정의 형태가 전파하는 그들의 열등한 이미지를 내면화하기 때문이다.[13]

그러한 부적절한 인정은 자기 자신과 진정성이라는 근대의 이상으로 구성된 자신의 존재방식에 대해 신뢰를 가진 개인의 능력을 혼란에 빠뜨릴 만큼 개인을 불안정하게 하는 영향을 미친다.

테일러에게 있어서 이러한 이상은 도덕의 특징이 이

---

12) A. Honneth, *La réification. Petit traité de theorie critique*, trad. par St. Haber, Paris, Gallimard, 2007[2005], p. 78; "les thèses que Dewey développe dans Qualitative thought"(1930), in *Later Works*, Vol. 5, pp. 243~262; "et dans Affective thought"(1926), *Later Works*, Vol. 2, pp. 104~110.

13) Ch. Taylor, *op. cit.*, p. 42.

동하는 데 그 기원이 있다. 그 이동 때문에 인간은 자신의 도덕적 인지를 가장 중요시하게 되었다. 우선 인간은 더 이상 외부의 권력(신이나 선에 대한 사고)을 추구하지 않아도 되었다. 인간은 그 자신 안에서 도덕적인 힘을 발견해내었다. 루소Rousseau는 '새로운 형태의 내향성'에 자신의 도덕의식의 개념을 통해 아주 인상적인 이론적 형식을 부여했다.14)

헤더Herder는 이러한 움직임을 더욱 심화시켰다. 그리고 그는 차이에 도덕적인 의미를 부여했다.15) 테일러는 그러한 헤더의 다음과 같은 생각을 차용했다. 나의 방식과 동일한 인간의 방식이 존재한다. 나는 어떤 다른 사람들의 인생을 그대로 모방하는 것이 아니라, 그 방식으로 나의 삶을 살도록 요구받는다. 그러나 이러한 개념은 내가 나 자신에게 가져야 하는 신뢰에 새로운 중요성을 부여한다. 만약 내가 내 인생의 요체가 아니라면 그리고 그 요체를 잃어버린다면, 나는 인간이라는 것이 나에게 의미하는 바를 잃어버린 것이다.16) 진정성의 이상 속에

---

14) J.-J. Rousseau, *Émile*, Paris, Flammarion, ≪GF≫, 1966(1762).

15) J. G. Herder, "Histoire et cultures", trad. M. Rouché, *présentation par A. Renaut*, Paris, Flammarion, ≪GF≫, 2000(1774~1791).

16) Ch. Taylor, *op. cit.*, p. 47.

자리하고 있는 것은 바로 개성의 원리이다. 이 원리 때문에 우리는 우리 안에서 우리 자신의 것이어야만 하는 인생의 모델을 찾아야 한다고 생각한다.

위에서 주지한 것과 같이, 이러한 원리는 프래그머티즘에서 그 기초적 이론들을 얻어온 것이다. 이 원리는 개인이 자신의 유아독존적인 방식에 대한 정체성을 구성한다는 것을 의미하지 않는다. 테일러는 현대철학이 독백적 선회를 거부하는 것이 옳다고 생각한다. 이러한 경향은 정체성과 인정 사이가 밀접한 관계를 보이지 않게 하는데 영향을 미친다. 테일러는 이러한 경향이 근본적으로 대화적인 인간의 삶에 대한 개념에 대립한다고 보았다. 이 개념이 규정되는 것은 풍부한 경험을 포함하고 있는 인간언어 습득 덕분에 우리는 완전한 권리를 가진, 우리가 우리 자신을 이해할 수 있는—즉, 우리의 정체성을 이해할 수 있는 인간주체가 될 수 있는 것이라는 신념에 의해서이다.

일단, 인간의 삶에서 대화의 중요성이 재평가받게 되면, 인정의 특성은 도덕 문제의 핵심에 자리 잡게 된다. 우리는 다시 이 문제를 보다 자세히 다루어야 할 것이다. 그러나 악셀 호네트와 같은 학자들의 연구의 예에서 이미, 그 인정이 정의justice에 대한 이론의 근본과 사

회와 정치의 다양한 요구 기반이 된다는 것을 밝힌 바
있다.17)

우리가 이미 앞에서 언급한 바와 같이 근대세계는 우
리 자신이 아닌 것의 특성들을 통해 우리를 발견하는 법
을 알려주었다. 예를 들어 문화적 의미에서 다른 성 혹
은 타자의 특질 같은 것이 있다. 그 시대에 동등한 타자
를 구성하기 위해 반드시 필요했던 이러한 행위는, 우리
가 보았던 것과 같이 평등하게 만들기 위해 동화시키는
것(엄격하게 말하면 동일하게 만드는 것, 동일하다고 생각하
게 하는 것)이다. 등급과 명예의 개념으로 구조화된 사회
계층의 표상으로부터 개인 각자의 동등한 존엄성에 대
한 확신을 거치면서, '보편주의에 대한 정책'이 전개된
다. 그 정책으로부터 인간을 권리와 권한의 주체로 만들
수 있다. 이러한 관점에서 우리는 바로 테일러의 말을
떠올릴 수 있다. 그에 따르면, "기필코 피해야 할 것은
'일등급'과 '이등급'의 시민이 존재하는 것".18) 평등화의
영향력은 논쟁의 대상(게다가 그 모든 논쟁이 끝나지 않았

---

17) 이 문제가 미국의 맥락과 결부되는 방식에 대해서는 다음 드니 라꼬르느(Denis
Lacorne)의 저서를 보는 것이 유익하다. Denis Lacorne, *La crise de l'identité
américaine*, Paris, Fayard, 1997(édition revue et corrigée, Paris, Gallimard,
2003).

18) Ch. Taylor, *op. cit.*, p. 56.

다)이 되었다. 그러나 그 평등화가 유래한 논리는 받아들여졌다. 인정이라는 것은 분명히 해방의 원리이다. 왜냐하면 인정은 인간 그리고 각 개인에게 동일하다고 판단되는 것을 목표로 했다. 18세기 말에는 이것이 특권들의 폐기를 의미했고, 1960년대 '시민권운동'과 남아프리카 공화국의 아파르트헤이트Apartheid 차별정책 철폐운동에 의해서 제기된 요구들의 원칙이기도 했다. 공평한 인정정책은 모든 인간을 평등 아래 통합하고 동화하는 것을 목표로 하는 관점에 속하는 것이다. 의식적이건 무의식적이건 간에 타자에 대한 이타성을 축소하는 것으로 평등을 추구하는 시기를 넘어서는 것을 목표로 하는 관점에 참여할 때, 그것이 비록 준비작업이긴 하지만 우리는 그러한 관점에 진정한 의미를 제공하고 동화가 그 자체의 목적이 되지 않도록 할 수 있는 단계가 만들어졌다고 여기게 된다.

이러한 새로운 관점으로부터 우리는 신분을 평등화하려는 계획을 '완수'하기 위해서 정체성에서 차이가 있지만 부분을 확대해야만 한다. 달리 말하면, 이제부터는 평등의 차이를 복원하는 것이 중요하다. 그리고 역설적이게도 이것은 평등을 확립하는 것에서 더욱 진전하기 위한 것이고, 평등화가 실제 존재하는 차이에 대해 부정하는 것을 더 이상 숨기지 않기 위한 것이다. 따라서 평등의 역동성 속에서 차이를 중화하기보다는 차이를 인정하면서 평등의 새로운 형태로 그 차이를 발전시키는 것이 중요할 것이다. 이러한 단계는 아이리스 마리온 영을 본떠서 테일러가 명명한 '차이의 정치'에 부합한다.[19] 이러한 정치는 분명히 보편주의에 기반하고 있지만, 또한 다른 차원도 포함하고 있다. "평등한 존엄성의 정치를 통해 이루어진 것, 즉 권리와 특권 전체가 동일한 것으로 파악된다. 그리고 차이의 정책을 통해 우리가 인정하기를 요구한 것은 바로 그 개인과 혹은 그 집단의 유일한 독자적인 정체성, 다시 말해 타자로부터 자신을 구별해주는 것이다. 이 개념이 말하는 바는 이러한 구별이 무시당하고, 침묵 속에 간과되었으며, 다수 혹은 주류 정체성에 동화되어 왔다는 것이다. 그리고 이러한 동화는 진정성의 이상에 대한 중대한 과오이다."[20]

테일러의 생각으로는 인정의 두 가지 시기가 서로 대립하지 않는다. 두 번째 시기는 첫 번째 시기로부터 유래한 것이다. 알다시피 그 이유는 우리가 "정당한 인정에

---

19) I. M. Young, *Justice and the Politics of Difference*, Princeton, Princeton University Press, 1990.

20) C. H. Taylor, *op. cit.*, p. 57.

대해 오직 보편적으로 존재하는 사실, 즉 각 개인은 하나의 정체성을 가지고 있다는 것과, 그것이 각 개인에게 다른 이들과 구별되는 특별한 것이 있다는 사실을 인정하는 것을 바탕으로 한다"에 동의하기 때문이다. 그리고 테일러는 이 문제에 대해서 결론을 내리면서, "보편적인 요구는 특별함에 대한 인정을 증진시킨다"고 지적한다. 그리고 그가 저술한 바와 같이, "차이의 정치는 보편적인 존엄성의 정치를 통해 유기적으로 확대된다".21)

인간의 사회적 신분에 대한 새로운 개념이 요청한 이러한 발전은 이렇게 '낡은 원칙에 극히 새로운 의미'를 부여하게 된다.22) 월 킴리카will Kymlicka는 이와 비슷한 관점을 견지하면서, 개인의 권리혁명 연장선상에 자유주의적 다문화주의를 위치시킬 수 있었다. 그는 "인간 권리의 이상은 자유주의적 다문화주의 채택에 영향을 주기도 하고 그 외연을 규정하기도 한다."고 말했다.23) 인정은 이제 기초가 잘다져져 있고 유용성도 있어서, 이에 대한 현대적 논쟁은 상당히 역동적인 경향을 띤다. 문제

---

21) *Ibid.*, p. 58.
22) *Ibid.*.
23) W. Kymlicka, *Multicultural Odysseys: Navigating the New International Politics of Diversity*, Oxford, Oxford University Press, 2007, p. 88.

는 이제 이 새로운 인정의 정책이 우리에게 '전근대적' 윤리의 모습을 설명해줄 수 있는지 혹은 그것이 신분평 등화 계획의 정당한 진전에 부합하는 것인지에 대해 알 아보는 것이다.

반다문화주의

오늘날 우리는 여러 민주사회, 혹은 민주화 단계를 거치고 있는 사회 속에서 다양한 공동체의 정체성에 관련된 강력한 요구가 있다는 것을 보게 된다. 사실 지적이고 정치적인 문제는 사회적 불평등과 불공정 그리고 불안정 없이 문화적 다양성을 장려하는 것—한편으로는 그 문화적 다양성이 사회구성원 각자의 정체성을 구성하는 요소로 여겨지고 또 한편으로는 개인의 문화적 차이를 인정하지 않는다는 사실은 무엇이든 간에 그들에게 '거짓된' 삶을 강요하게 되기 때문에—이 가능한지 여부를 결정하는 것이다. 우리가 직면한 것은 더 강화된 민주주의적 역동성인가, 아니면 민주주의의 후퇴인가?

이 질문은 단순히 수사학적인 범위를 벗어난다. 인간이 가진 동등한 존엄성에 대한 정치는 정치의 현대성을 합리적으로 수립하기 위한 매우 강력한 원동력이었다. 염려스러운 것은 잠재적으로 자유를 침해할 가능성이 있는 정치적이고 합법적인 차별주의적 형태를 다시 끌어들여 이 역동성을 정지시키고, 더 나아가 역행하게 하는 것이다.

1. 정치적 합의

역사적으로, 진보라는 표상을 공통적으로 지지하는 몇몇 공화주의, 자유주의, 사회주의 관념론자들은 '작은 국가들'이 하고 있는 문화적 정체성의 보호나 자치권의 요구를 마치 질 것을 알면서도 하는 혹은 반동적인 싸움으로 치부하려고 했다. 이러한 관점에서 정체성의 요구는 즉각적으로 정치적·문화적·사회적, 더 나아가 도덕적 후진성의 징후라고 받아들여지곤 했다.[1]

진보의 표상이 나타나는 보다 제한된 정치적 지평이

---

1) B. Barry, *Culture and Equality*, Cambridge, Polity Press, 2001.

어디까지라 하더라도, 이 진보의 표상 때문에 소수문화를 유사하게 만드는 계획이 만들어졌다는 사실을 인정하는 일은 흥미롭다. 소수문화를 고려하지 않는다는 사실은 서양의 정치적 전통에 깊게 뿌리박혀 있다. 이러한 뿌리는 굉장히 깊게 박혀 있는 것이어서, 서로 다른, 심지어 대립되는 이념에서 사용되는 말에서, 거의 비슷한 용어로 표현되곤 한다. 이는 모든 국가의 노동자들에게, 다시 말해 국적에 상관없이 모든 노동자들에게 관련된 맑스주의처럼 전 세계적으로 영향을 미치고자 하는 모든 정치운동에는 거의 당연한 일이다. 조레스Jaurès의 인본적 사회주의 또한 이러한 경향에 해당한다. 맑스주의적이건, 사회주의적이건 간에 세계주의는 소수문화를 정치적으로 중요하게 여길 수 없다.

하지만 이러한 사실은 위에서 언급한 유형의 운동들에만 유효한 것은 아니다. 여기서 문제시되는 점은 역사적으로 왕정주의자, 공화주의자, 그리고 자유주의자들 모두가 가지고 있는 것이었다.[2] 또한 우리는 소수집단

---

2) 베르농 반 다이크(Vernon Van Dyke)는 이 문제에 대해서 여러 번 거론하였다. 이 저자의 다음과 같은 저작들을 참고하면 될 것이다. Vernon Van Dyke, "Human rights and the rights of groups", *American Journal of Polical Science*, no. 28, 1974, pp. 725~741; "Justice as fairness: For groups?", *American Political Science Review*, no. 69, 1975, pp. 607~614; "The individual, the State, and ethnic communities in political theory", *World Politics*, no. 29-3, 1977, pp.

에 대한 존 스튜어트 밀John Stuart Mill과 프레드리히 엥겔스 Friedrich Engels의 태도에 당황스러운 유사성이 있음에도 유의해야 한다. 두 사상가들을 통해 브르타뉴, 바스크 그리고 스코틀랜드 사람들의 상황이 소개되었던 것이다. 밀은 그의 책에서 대의정부와 그곳에서 가능할 수 있는 실천적 환경에 대해 다루면서 이 문제를 검토한다.3) 이 책은 이러한 관점에서 우선 한 민족이 쉽게 다른 민족에 동화될 수 있다는 것과 종족 집단과 관련하여 영국 혹은 프랑스 시민으로서의 특권과 평등을 누리기 위하여 자신의 문화를 버려야만 얻을 수 있는 이득을 무시하는 것이 불가능하다는 점을 밝히고 있다. 이 책의 16장에서 밀은 "한 민족이 다른 민족에 융합·동화되는 것이 가능하다는 사실은 경험으로 증명되었으며, 만일 이 민족이 보다 열등하고 뒤떨어진 인종이었다면 동화는 굉장한 이점을 가져다준다. 누구도 브르타뉴 사람Breton이나 나바르Navarre의 바스크 사람Basque에게 있어 매우 문명화되고 교양 있는 민족의 사고와 감성의 흐름에 동화되는

343~369; "Collective rights and moral rights: Problems in liberaldemocratic thought", *Journal of politics*, no. 44, 1982, pp. 21~40; *Human Rights, Ethnicity and Discrimination*, Wesport, Greenwood, 1985.

3) J. S. Mill, *Considérations sur le gouvernement représentatif*, trad. P. Savidan, Paris, Gallimard, 2009.

것, 다시 말해 프랑스 민족의 일원이 되고, 프랑스 시민 권자의 모든 특권을 평등하게 누리는 것, 프랑스의 모든 보호의 이점과 프랑스 권력의 위엄과 명예를 공유하는 것이, 그들이 살고 있는 산과 반쯤은 야생에 가까운 지난 시대의 폐허에서 근근이 생활하며, 그들과 상관없는 세상의 변화에는 무관심한 채, 자신들만의 좁은 정신적 역량에 갇혀 있는 것보다 바람직하지 않으리라고 가정할 수 없다. 이러한 관점은 영국의 일원으로서 고원지대에 사는 스코틀랜드인들이나 웨일스지방 사람들에게도 적용된다".

엥겔스는 좀 더 적극적으로 같은 의견을 피력한다. 그가 적대시한 것은 '범슬라브주의'와 그 범슬라브주의에 대한 '반작용'을 없애려는 움직임이었다. 이러한 관점에서 그는 1849년 1월 13일 『*La nouvelle Gazette rhénane*』(194호)에서 다음과 같이 말했다. "모든 유럽국가에는 국가에 억압당했지만 나중에는 결국 역사적 발전에 원동력이 되었던 한 민족의 혹은 여러 민족의 후손들이 살고 있다. 역사에 무참히 짓밟혔던 이 후손들은 헤겔의 용어를 빌려 이 찌꺼기들은 매번 반혁명의 열렬한 지지자가 되며, 자신들이 국적 박탈을 당하거나 몰살당할 때까지 그 입장을 유지한다. 그들의 존재 자체가 역사적 대혁명에 대한 저항이 아니겠는가? 이는 스코틀랜드에서 웨일스 인들이 1640~1745년에 스튜어트Stuart 왕가의 지지자였던 것과 마찬가지이다. 프랑스에서 브르타뉴인들이 부루봉Bourbon 왕조를 지지한 것도 그렇다. 스페인에서 바스크인들 역시 돈 까를로스Don Carlos의 지지세력이었다. 전정으로 민족의 찌꺼기였던 것은 오랜 기간에 걸쳐 진행된 혼란스런 변화의 결과물인 오스트리아에서 남부 슬라브인들이다. 극히 복잡한 관계 속에서 만들어진 찌꺼기들은 동쪽에서 서쪽으로 흘러가던 유럽의 모든 움직임을 동쪽에서 서쪽으로 바꿀 경우에만 자신들이 구원될 것이라고 생각했으며, 자신들의 해방군, 즉 통일의 끈은 러시아의 채찍뿐이라고 생각했다. —자, 너무 자명한 일이다."[4]

---

4) F. Engels, "La lutte des Magyars", *La Nouvelle Gazette rhénane*, no. 194, 13 janvier 1849. 맑스주의 이론이 문화 소수자들이 어떻게 다루어졌는지 보려면, 다음과 같은 책들을 살펴보면 된다.

E. Nimni, *Marxism and Nationalism: Theoretical Origins of a Political Crisis*, Londres, Pluto Press, 1994.

이 책은 영국과 오스트리아에 다음과 같은 과감한 다원주의 맑스주의자들이 있었다는 것도 강조하고 있다.

Figgis, Laski, Otto Bauer.

특히 영국에서는 다음과 같은 예를 보면 된다.

R. Barker, "Pluralism, revenant or recessive?", in J. Hayward, B. Barry et A. Brown, *The British Study of Politics in the Twentieth Century*, Oxford, Oxford University Press, 2003, pp. 117~145.

존 스튜어트 밀과 맑시즘(『*Sur la question juive*』이라는 책에서 Marx가 옹호했던 의견에 대해서 생각해 볼 수 있다)은 소수자들인 '민족의 파편들'이 법적인 위상을 인정받을 수 있다는 가능성 자체를 거론하는 것에 반대했다. 존 스튜어트 밀의 경우 소수자들이 다수자들에 의해 지배당하거나 소외당하지 않는 것을 자신의 민주주의 이론의 목적으로 제시한다는 점은 그만큼 더 흥미롭다. 간단히 말해서, 밀에게 있어 사회적으로 쓸모 있고 보호할 만한 가치가 있다고 판단되는 소수자들은—'다수의 횡포'라는 토크빌의 비판에 영향을 받은 관점에 따라—지식인 계층의 소수자들, 학자들, 그리고 좀 더 넓게는 '문명화된' 사람들이다. 밀은 소수자들의 사회적, 정치적 소외현상에 민감했으나 민족문화적 정체성을 바탕으로 적법한 요구를 만들어 나갈 수 있다고는 생각하지 않았다. 민족문화적 소수자들에 대해 19세기의 자유주의와 사회주의는 이렇게 거절과 거부의 입장을 취한다.

근대 공화주의 역시 이 관점에서 벗어나지 않는다. 특히 프랑스에서는 국가를 역사나 전통에 의한 것이 아닌 계약에 기반을 둔 형태로 구체화된 자유결정에 따른 실체라고 강조한다. 이때 문화적 정체성은 보편과 진보의 이름으로, 그 위상이 실추될 수밖에 없다. 이 문화적 정체성은 정치적 위협(방데 반혁명 반란les Chouans de Vendée)으로 혹은 사라져버리거나 끝장내기 쉬운 하위문화의 잔존물들로 여겨진다. 삐에르 롱산발롱Pierre Ronsanvallon의 표현을 따르자면[5] '유토피아적 보편성'의 이상화가 뒷받침하는 이러한 사고의 움직임은 절대주의 유물과 혁명적 공상이 결합되어 형성된 것이다. 이 움직임은 '질서와 조직체corps의 사회'에 대한 거부를 전제하고 있다. 그리고 보편적 이익인 것처럼 법적 이익, 즉 다시 말해 특수성이라는 관점에서 유지되는 거리로 특징져지는 이익으로 이해된다.[6] 사회계약에서 보편적 의지에 대한 루소의 정의는 그러한 방향을 상징한다. 따라서 '사회적 보편성' 추구는 시이예스Sieyès가 '통합adunation'[7]의 역학이라는 이름을 붙인 국가건설의 과정을 거친다. 이 과정은 다양한 수단(언어의 동질화, 국토의 편성 등)을 동원하며, 이 과정으로 인해 국민들은 전체를 형성하고 동일성을 추구할 수 있어야 한다.[8] 정치적 가치에서도 통용되는 논리

---

5) P. Rosanvallon, *Le modèle politique français. La société civile contre le jacobinisme de 1789 à nos jours*, Paris, Le Seuil, 2004.

6) *Ibid.*, p. 27.

7) (역주) 영어로 A uniting 혹은 union의 뜻으로 해석할 수 있다.

8) J.-D. Bredin, *Sieyès: la cle de la Revolution francaise*, Paris, Librairie generale francaise, 1990.

에 따라 '동지정신'에 대한 증오가 중시됨에도 불구하고 브르타뉴인이나 바스크인이 자신들의 권리를 주장하는 것은 상상하기 어려운 일이었다. 시이예스Sieyès는 프랑스에 적용하기에 알맞을 헌법에 자신의 관점을 제시하면서 다음과 같이 쓰고 있다. "나는 오래전부터 프랑스 땅을 새로이 분할할 필요성을 절감해 왔다. 이 기회는 놓치면 다시 돌아오지 않을 것이고, 지방사람들은 그들이 가진 집단정신, 특권, 주장, 집착을 영원히 지켜나가려 할 것이다. 프랑스는 같은 법의 통제권 안에 놓여 있고 같은 행정체계에 속하는 국민을 형성하기 위해 이렇듯 필수적인 통합에 다시는 도달하지 못할 것이다."9) 삐에르 롱산발롱Pierre Ronsanvallon은 이러한 바람을 다음과 같은 말로 요약한다. "실제로 단일 체계 아래 사회를 정립하는 것으로 구체제와 차별화가 가능하다. 이러한 배경에서 바로 이 공동체l'etre ensemble가 가지는 형태 자체가 혁명이 설정한 사회권력의 의미를 규정하는 것이다. 국민주권은 그것을 형성하는 전대미문의 사회표상과 떼어서 생각할 수 없다. 국가는 자신의 기반을 추상화하는 동시에, 그 국가에 별로 중요하지 않은 정의들을 없앤 모습들

---

9) E. J. Sieyès, *Observations sur le rapport du Comité de constitution concernant la nouvelle organisation de la France*, Versailles, Baudouin, 1789, pp. 1~2.

로 만들어진 공동체로 이해될 수 있다."10)

특히, 공화주의자들은 국가를 때때로 정교분리의 확장된 체제에 편입시킨다. 그와 함께 그들은 시민공동체제가 모든 민족문화에 중립적이며, 따라서 자기정체성의 확립은 종교적인 믿음과 같이 다른 모든 개별적인 신념과 함께 개인적인 영역으로 치부할 수 있다고 생각했다. 그러므로 문화적 정체성은 기껏해야 개인의 선택으로 결정된 것일 뿐이다.11) 흔히 이러한 입장은 국가를 구상하는 두 가지 방식—시민국가와 민족국가—사이에서 오랫동안 형성된 구분에 근거하는 경우가 많다. 공화국은 이와 같은 관점에서 시민국가만 인정한다고 주장한다. 시민국가만이 공화국 정부의 통치대상으로 여겨진다. 이 주제는 프랑스 공화주의 전통의 맥락에서 큰 중요성을 띠며, 거기서 나온 통합모델이 다문화주의 모델의 '절대적인 반대 예시'로 여겨질 수 있었다.12)

---

10) P. Rosanvallon, *op. cit.*, p. 28.

11) W. Kymlicka, *Politics in the Vernacular. Nationalism, Multiculturalism, and Citizenship*, Oxford, Oxford University Press, 2001, p. 43.

12) 이 점에 대해서는 다음과 같은 날카로운 시각을 가진 논문을 권한다.
Pierre Birnbaum, "Entre universalisme et multiculturalisme: le modele francais dans la theorie politique contemporaine", in A. Dieckhoff, *La constellation des appartenances. Nationalisme, liberalisme et pluralisme*, Paris, Presses de Sciences Po, 2004, p. 427.

통합의 과정은 국가건설 계획에 속하며, 국가의 조직 체계와 공적 행위의 범위와 목표에 대한 모든 질문에 대해 답하고 정의하는 단계에 들어가는 것이다.

이러한 시각은 그것이 부각되거나, 재확인되는 과정에서 많은 분쟁에 휘말리게 될 것이다. 에른스트 르낭 Ernest Renan이 1882년에 '국가란 무엇인가?'라는 강의에서 밝힌 국가의 정의는 매우 잘 알려져 있다. 그는 국가란 우선, 무엇보다도 "우리가 해 왔고 앞으로도 그렇게 할 희생정신에 의해 구성된 커다란 연대이다. 그 연대는 과거를 가정한다. 하지만 그것은 현재에 구체적인 사실에 의해 그 모습이 정확히 드러난다. 그 구체적인 사실이란 다름 아닌 공동체의 삶을 계속 이어나가고자 분명히 표현된 합의이자 의지이다."라고 주장한다. 그리고 르낭 Renan은 다음과 같은 말을 덧붙인다. "개인이 존재하는 것이 삶에 대한 끊임없는 확인을 통해서라면, 한 국가의 존재는 (이러한 은유를 사용하는 것에 대해 용서해주기를 바란다) 매일매일 이어지는 국민투표를 통해서이다."13) 하지만 다른 모든 역사적, 민족적 정의보다 이 동의를 우위에 두는 것이 1987년 르낭의 독일인 동료인 다비드 프

---

13) E. Renan, *Qu'est-ce qu'une nation? Et autres ecrits politiques*, Paris, Imprimerie nationale, 1996, p. 241.

리드리히 스트라우스David Friedrich Strauss와의 알자스Alsace와 로렌Lorraine지방의 독일지배에 대해 교환한 서신에서 이미 분명히 언급되었다는 사실은 별로 알려지지 않았다. 이 서신의 내용은 1871년 5월 프랑크푸르트조약에 근거하고 있다. "각 국가의 개별성은 인종, 언어, 역사, 종교에 의해 구성된다. 하지만 보다 훨씬 구체적인 어떤 것, 실재적인 동의, 여러 지방들이 서로 함께 한 국가로 살아가겠다는 의지에 의해서도 결정된다. 니스의 불행한 병합 이전에 프랑스의 어떤 지역도 프랑스로부터 분리되려 하지 않았었다. 프랑스는 언어나 인종에 있어서 하나가 아니었음에도 불구하고 프랑스를 분할하려는 것은 유럽의 죄악이라 할 만했다. 이에 반해 벨기에와 스위스의 지방들, 망슈Manche 섬의 일부에서는 프랑스어를 사용함에도 불구하고, 프랑스에 편입되고 싶어 하지 않았다. 무력으로 그들을 병합하는 것은 범죄에 가까웠다. 알자스는 독일인종이며, 독일어를 사용한다. 하지만 알자스는 독일에 편입되려 하지 않았다. 이 사실이 문제에 종지부를 찍는다. 우리는 프랑스의 권리, 독일의 권리에 대해 이야기하고 있다. 이 개념은 뼈와 살을 가진 살아 있는 존재들, 그리고 그들이 동의 권력에만 복종하는 알자스 인들이 가진 권리에 비하면 설득력이 약하다."14)

르낭은 민족성(언어, 종교, 역사)의 중요성을 무시하지 않았다. 하지만 다비드 프리드리히 스트라우스로 하여금 이 문제를 정치화하는 것을 경계하도록 하면서 병합의 정당성을 주장한다. 르낭은 다음과 같이 쓰고 있다. "민족지학을 조심하십시오. 아니, 민족지학을 너무 정치에 적용시키지는 마십시오." 그는 또한 '인종의 정치'보다는 '국가의 정치'를 선호하라고 언급했다. 동의는 주권의 본질적인 요소이다. 국가에서 바로 이러한 점을 지지하는 측면이 민족주의나 물질적 국가주의, 혹은 간결하고 순수한 동의로만 이루어질 수 있는 명백한 보편적 권리를 인정하려 하지 않는 폐쇄적인 국가주의 국가를 지켜내는 것이다. 이와 같은 관점에서, 민족문화적 소속 근거 요구는 인종에 대한 정치적 비합법성 이외에의 어떠한 것도 나타내지 못한다.

사회주의자, 맑스주의자, 자유주의자, 왕정주의자, 그리고 공화주의자들을 대립시킬 수 있는 정치적 의견 불일치의 반대편에서 이러한 의견일치는 소수자들에 대한 서구의 정치적 전통태도를 밝히는 모티프의 깊이를 잘 보여준다.

---

14) E. Renan, "Lettre a Strauss du 15 septembre 1871", in *Qu'est-ce qu'une nation? Et autres ecrits politiques, op. cit.*, pp. 211~212.

소수자들은 역사 혹은 진보의 흐름에 동참하고 진보 (산업적, 경제적, 정치적)의 매개자인 거대문명에 들어가기 위해서 그들의 국가성, 특수성을 버려야 한다. '자유' 혹은 '해방'은 동화에 의해 이루어지는 것이지 인정認定에 의해 이루어지는 것은 아니다. 이러한 관점이 동화뿐만 아니라 식민지화15)까지도 '정당화'한다는 사실을 주지하자.

'유토피아적인 보편성'이라는 사상은 무엇으로도 정당화될 수 없는 폭력을 야기할 수 있을 것이다. 그러한 사유는 가장 공격적인 국가주의의 옷을 걸침으로써 자기 자신 또한 자주 배반해 왔다. 이 사유는 그 맹목적인 측면에도 불구하고 관대하면서도 까다로운 한 체제를 구성해 왔고, 지금도 구성하고 있다. 이 체제는 인류의 자유와 똘레랑스를 넘나드는 하나의 일반성의 문화로 모든 인류를 집결시키고자 하는 야망과 관련이 있다. 유토피아적 보편성을 모른 척한다는 것은 지금의 우리보다 우리를 한 단계 더 발전시킬 수 있는 유일한 방편을 모르는 척한다는 것을 의미할 것이다. 그런 일은 분명히 우리가

---

15) E. J. Hobsbawm, *Nations et nationalisme depuis 1780: programme, mythe and réalité*, trad. D. Peters, Paris, Gallimard, 1992; T. Todorov, *Nous et les autres. La réflexion française sur la diversité humaine*, Paris, Le Seuil, 1989.

우리 스스로 굴종으로 치닫는 일이 될 것이다.

　이러한 관점은 때때로 역사와 작금의 현실 때문에 일어난 불신의 태도를 선동하고, 그것에 대해 알려주기도 한다. 2차 세계대전 동안 사용된 소수자 개념(일반적으로 이탈리아 민족통일주의의 문제점을 가리키는 것), 아파르트헤이트시대의 남아프리카공화국에 대해 생각해보자. 그리고 미국의 경우를 고려할 때도 마찬가지로 소수자를 법적인 실체로 보는 것은 역사적으로 중립적이지 않다. 시민권운동과 인종차별주의 철폐운동의 관점에서, 이것은 후퇴처럼 보일 수 있다. 이러한 불신은 그 존재의 이유를 아프리카대륙, 유럽의 한복판 그리고 다른 곳에서 일어나는 인종분쟁의 참화 속에서 찾을 수 있다.

　지난 2000년대 초반부터 증가한 테러공격, 중동지역의 정치적 불안정성, 소수이민자들(특히 다른 종교를 가지고 있는)의 사회경제적, 시민적 통합에 대해 우려가 증가하면서 위와 같은 불신은 커져가고 있다는 것을 인정해야만 한다. 이러한 변화는 자유민주주의를 위축시키고 그 자유민주주의의 특수한 정체성을 희생양으로 만드는 불안한 분위기를 야기한다. 1990년대에 다문화주의의 바람이 불기는 했지만, 다문화주의는 결점들과 역효과를 지적받았다. 사람들은 더 적극적으로 다문화주의를

시민통합개념 반대편에 놓으며 비난했다.16)

이러한 복잡한 논쟁이 이루어지고 있는 가운데 한 발짝 내딛기 위해서는 역시 이러 저러한 의미로 희화화된 모습을 믿지 않는 것이 중요하다. 모든 상황을 고려하기 위해서는 우선 이 대립의 전통이 전해주는 요지들을 주의 깊게 살펴보는 것이 좋을 것이다. 이는 그 대립의 전통 안에서 중요하지 않고 시대에 크게 뒤떨어진 관점이 무엇인지, 그들이 일부분의 효력을 갖고 있는 근본적인 이유가 무엇인지를 알아보기 위해서이다.

ㄹ. 저항의 문법

소수자의 권리인정 거부에 대해 지지하는 논거와 전제는 다양하다. 우리는 이 논거와 전제들을 크게 두 가지로 나누어 볼 수 있다. 첫 번째는 사회적 통합을 가능하게 하는 조건들을 드러내주는 기능적인 측면의 논거이다. 두 번째 축은 윤리적 질서에 대한 것으로, 원칙의 측면에서 인정의 정치가 모든 조건들을 평등하게 만들고

---

16) Ch. Joppke, "The retreat of multiculturalism in the liberal State: Theory and policy", *British Journal of Sociology*, 55, no. 2, 2004.

자 하는 현대적 프로젝트의 한가운데에서 차이의 위상
을 재평가하려는 방식을 반박하는 데 목표를 두고 있다.

1) 국적國籍의 원칙

시민권을 완벽하게 행사할 수 있게 하기 위해서는 문
화적 단위와 정치적 단위가 정확하게 일치해야 한다.
1983년에 에른스트 겔너Ernest Gellner가 썼듯이 이 국적의
원칙은 "정치적 단위와 국가의 단위는 일치해야 한다"
는 사실을 제시한다.[17]

그러나 겔너가 강조한 이 생각은 전혀 새로운 것은 아
니었다. 이미 1861년에 존 스튜어트 밀이 나름대로 정치
적 가치관을 밝히면서 주장한 바 있다. 밀에게 이 생각은
대의 민주주의를 가능하게 하는 조건이었다. 하나의 언어
도, 공통된 기준을 가진 문화적 범위도 없는 민주주의는
가능하지 않았다. 밀Mill이 국가적 문제와 대의 정부의 관계
에 대해 쓴 『대의정부에 대한 고찰Cosidération sur le gouvernement
représentatif』의 16장에서, 그는 기능적 측면에서 정치적 국가
주의의 체계를 정당화한다. "다양한 민족으로 이루어진

---

17) E. Gellner, *Nations et nationalisme*, Paris, Payot, 1989, p. 11.

국가에서 자유로운 체제는 거의 불가능하다. 대의정부의 기능에 필수적인 대중의 일치된 하나의 의견은 일치의 감정이 없는 국민들에게는 존재할 수 없다. 서로 다른 언어로 쓰고 말할 경우에는 더더욱 그렇다."

밀에게 있어 이 다양성은 중요한 문제였다. "여론에 영향을 미치고 정치적 행동을 결정하는 영향력"이 한 나라 전체에 고르게 미치지 못할 것이기 때문이다. 결국 이 때문에 사람들은 서로 다른 지도자를 신뢰하게 될 것이다. 그는 다음과 같이 덧붙인다. "그들은 서로 다른 책, 신문, 전단지, 그리고 담화 속에서 살게 될 것이다." "한쪽에서는 다른 쪽에서 일고 있는 여론이나 선동에 대해서는 아무것도 모른다. 같은 사건이나 행위, 정부의 시스템조차도 그들에게는 다르게 작용하고 구성원 개개인은 각각의 국적으로 살아갈 위험도 있다. 보통 이 본래적 반감은 주도자들이 이 민족에 불어넣을 수 있는 불신의 감정보다 훨씬 강력하다. 한쪽의 지지를 얻으려면 공동의 정부가 다른 쪽에 불이익을 주기만 하면 된다. 둘 모두가 불이익을 받았을 경우에도, 공동으로 저항할 때도 한편은 다른 편을 신뢰하지 않는다. 어느 쪽도 혼자서 저항할 힘은 없다. 이들 모두는 상대편보다 이득을 얻고 정부의 특혜를 받으리라고 생각할 수 있다. 이런 경우에는 결국 독재에 대항할 수 있는 유일한 기반을 잃게 된다. 국민과 군대의 호의적 관계 말이다. 한 정부에 속한 국민이 반절이나, 4분의 3만이 외국인이라면 군대는 국민들에게 아무런 거리낌 없이 총을 쏘고, 그들이 지켜야 할 질서에 대해서 묻고자 하지도 않을 것이다. 또한, 분명한 적을 향해서도 그들은 어떠한 행동도 취하지 않을 것이다." 이러한 지적은 다문화주의 현대이론에서 금과옥조가 되어 버렸다. 이는 다문화주의 현대이론에서 '문화적 일원론'이라고 이름 붙일 수 있을 가장 명확하고 충분한 역사적 공식의 역할을 한다.

밀은 정치적 차원에서 다양성을 후퇴하게 하는 원칙을 정당화하는 기능적 논거들을 만들었다. 그러한 논거들을 사회적 차원의 연장선상에서도 찾아볼 수 있다. 결국은 역시 안정성과 효율성이라는 이유로 다양성보다는 단일성을 중요시하게 되는 것이다. 단일성은 경제적 통합과 발전을 용이하게 하고 모든 정치적 재분배가 요구하는 연대성을 지지해준다. 다시 말해서, 문화적 단일성은 사회적, 경제적 통합을 가능케 한다는 것이다. 이는 다음과 같은 방식으로도 표현될 수 있다: '재정'과 분배의 공동체와 '윤리적' 공동체는 바로 이러한 지점에서 공조관계를 가지게 된다. 사회문제에 적용된 이 기능적 논거는 국가적 문제와 배분적 정의의 원칙을 일정수준에서 연결하는 정치이론에서 중심적인 역할을 행한다.

그러므로 이 정치적, 사회적 논거들은 단일성이나 일원론의 장점을 강조하는 기능적 차원에 자리 잡는다. 그 안에서 논리를 판별하고 요약해내기 위해서 적어도 두 가지의 주요한 이론적 근거를 들 수 있다. 첫 번째 근거는 고대도시 모델의 지적 영향에 관련된 것이며, 두 번째 근거는 다양성과 갈등의 관계개념에 존재한다.

A) 고대도시국가 모델의 인식론적 우월성의 전제

만일 다원론이 이후 오늘날의 많은 문제들을 대상으로 삼는다면, 서구의 정치철학이 오래도록 정치적 단위(도시국가, 제국, 국가 등)와 그 안에 포함되어 있는 문화적 다양성의 관계에 대해 이상하리만치 무관심했다는 사실을 밝힐 필요가 있다. 역사는 이 사회가 다민족으로 이루어져 있었음을 잘 보여준다. (아리스토텔레스, 루소, 존 스튜어트 밀, 마르크스와 같은 사람들은 민족문화나 언어에 있어 그들 자신도 다원적인 정치조직에 속해 있었지만) 정치 이론가들은 계속 시민들이 하나의 언어, 하나의 역사, 하나의 문화, 하나의 편의시설들을 공유하는 이상화된 폴리스polis의 모델부터 수행해볼 것을 주장하고 있다. 아테네나 스파르타도 이 문화적 통합을 이루지 못했다는 것 또한 놀라운 사실이다. 그들에게 있어 오로지 시민권의 획득에 관한 제한된 특성만이 그러한 통합을 이야기할 수 있는 유일한 근거였다. 결과적으로, 정치적 전통에 의해 만들어지고 동원된 개념적 원천들로 인해 정치적 공동체 내부가 굉장히 복잡할 때, 정치공동체가 가진 문제점을 이해하기에는 매우 불충분하다.

B) 다양성과 갈등

문화적 다양성 개념이 정치이론화에 뒤쳐진 이유는 다양성(윤리의 다양성, 즉 단순히 관심사들의 다양성)에 대한 견해와 갈등에 대한 견해 사이에 구축된 관계와 관련이 있다. 다양성이 있는 곳에는 언제나 갈등이, 최소한 잠재적인 갈등이 존재하기 마련이다.

이런 식으로, 근대 모든 사회계약의contractualiste 전통은 이러한 전제하에 확립되었다. 좀 더 우리 시대와 가까운 맑스 베버Max Weber는 고대 도시국가의 다양한 신전에 가치체계를 비교하면서, 이 주제에 베버 자신의 가장 놀라운 형태를 부여한다. 각 신전에는 다른 신전과 다른 일군의 신들이 있다. 이 '가치의 다신교'는 서로 다른 체계에서 형성된 윤리적 관점들이 서로 어울릴 수 없다는 것을 보여준다. (하나의 문화형태 아래의) 개인 혹은 집단의 근간을 이루는 가치에 대한 궁극적인 판단은 그들이 속해 있는 체계 밖에서는 어떠한 정당성도 주장할 수 없다. 그러므로 가치체계의 다양성과 문화적 다양성은 존재한다. 그리고 이 두 번째 근거가 이러한 판단을 정당화시키지 못하기 때문에, 다양한 가치시스템들 간에는 서로 갈등관계만 존재할 뿐이다. 또한, 이들을 중재할 수 있는 힘인 이성이 없었기 때문에 다양한 가치체계의 분쟁을 멈추는 데 가장 적절한 수단은 사실상 없었다고 할 수 있다.18) 결과적으로 우리의 입장에서 갈등은 더 이상 단순한, 그리고 경우에 따라서는 광범위한 대립의 형태가 아니라고 생각할 수도 있다. 그러나 이는 근본적으로 사회화 과정에 혼란을 가져온다. 다시 심멜Simmel이 제기한 범주들로 보자면, 사람들은 민족문화의 차이에 의해 심화된 이 분쟁이 그 "주관적인 것에서 시작했다고 규정된다"고 생각하는 것 같다. 다시 말해 "갈등 그

---

18) 이 점에 대해서 보다 유용한 지식을 얻기 위해서는 다음 저서를 참조할 것. "Sylvie Mesure et Alain Renaut", *La guerre des dieux. Essai sur la querelle des valeurs*, Paris, Grasset, 1996.

자체로 충족될 수밖에 없는 내부적 에너지가 있는 것이
다." 이 같은 상황에서 갈등은 더 이상 유사성의 의식에
서 나오는 것이 아니다.19)

2) '윤리적' 질서에 대한 논거

사실 윤리적 차원에서 이러한 문화들 간의 관계문제에
접근하는 데는 두 가지 방식이 있다. 첫 번째 방식은 문
화체계들 사이의 원칙적 평가 불가능성은 존재하지 않는
다는 생각을 옹호하는 것이다. 즉, 문화들 자체에 존재하
는 가치의 차이들을 관찰할 수도 있다. 몇몇 문화는 '좋
은 삶'이나 정의를 내세우는 생각에 다른 문화들보다 가
깝다. 이러한 관점에서는 인정reconnaissance이 '인간이 반드
시 필요로 하는 것'이라는 생각에 그다지 신경을 쓰지 않
는다. 오히려 다른 문화에 비해 우월한 문화가 존재하며,
이 우월성은 가장 '진보한' 문화가 다른 문화들을 '해방
시켜' 준다는 것을 정당화한다는 원칙에서 출발한다. 보
다 급진적인 이 형태에서 이러한 관점은 우리가 일반적

---

19) 분쟁이 더 이상 사회화 기능을 보장하지 못하는 제한된 경우에 대해서는 다음의
저서를 참조할 것. G. Simmel, *Sociologie. Études sur les formes de la
socialisation*, trad. L. Deroche-Gurcel et S. Muller, Paris, PUF, 1999(1908),
Chap. IV.

으로 민족중심주의라고 부르는 것에 속할 수 있다.

또 다른 '윤리적' 접근방식은 보편적인 가치에 근거하고 있는 관점을 채택하기 위한 문화의 서열화를 통해 만들어진 위와 같은 관점을 거부하는 것이다. 이러한 생각은 한 규범적·가치적 체계가 다른 특정한 체계보다 우월하다는 것이 아닌 한 체계의 가치가 비개별화départicularisation의 상태에 있다는 점을 강조한다.

다르게 말하면, 우리와 비견되는 것을 강조하기 위해서 개별성은 문제시해서 안 된다는 것이다. 이 논거는 구조적으로 일반성과 보편성을 증대하는 일에 속한다.

이 논거가 가장 공격적인 형태를 띠면 때때로 차별주의에 인종차별 혹은 잠재적인 민족주의라는 의심을 하고, 이러한 비판은 '집단주의'에 대한 고발의 형태가 될 수도 있을 것이다. 이러한 시각을 통해 숫자는 많았지만, 고르지 못한 일군의 문학작품이 나타났다. 이러한 경향으로 이미 작업하고 있었던 프랑스 작가들 중 한 사람은 삐에르-앙드레 따귀에프Pierre-André Taguieff이다. 이 작가의 작업은 인종주의, 공화주의, 공동체주의와 관련을 맺고 있다.[20] 그는 논증의 과정에서 '문화화된culturalisés'

---

20) 많은 참고문헌 중에서 우리는 단순히 다음과 같은 책들을 참고할 것이다.
P.-A. Taguieff, *La force du préjugé*, Paris, La Decouverte, 1988; *La Republique*

인종주의 담화와 '반인종주의적 다민족 혹은 다문화' 형태를 구분하는 일이 어렵다고 지적했다. 그 후에 그는 종종 비난하곤 했던 다문화주의가 표현하는 '민족주의', '차이의 보수주의'21) 혹은 '자기정체성에 대한 맹신주의'22)에 비판을 가했다. 여기서 전제는 문화적 다원주의가 일반성의 거부에 기반을 둔다는 것이다. "이러한 관념적 공간에서 보편성과 관련된 모든 입장과 요구는 모든 것들을 다 휩쓸어 버리는 제국주의자, 집단정체성의 파괴자, 테러리스트, 문화파괴자의 표현으로 평가절하된다. 차이의 보수주의는 보편성의 탐욕스런 추상화를 근절한다는 명목하에 자리를 잡는다."23) 이러한 형태의 논증에서—적어도 가장 완곡한 접근에 있어서는—즉각적으로 오명을 쓰는 것은 항상 그 자체로서의 다문화주의가 아니다. 다문화주의가 도달할 가능성이 있는, 그리고 경험적인 가정에 기반을 두고, 논리적 관점에서 스스로를 정당화한다면 보이지 않는 '치명적 측면' 혹은 '유동적인 측면'에 대한 고전적인 논쟁에 의존할 때, 그것

　　　enlisée. Pluralisme, communautarisme et citoyenneté, Paris, Ed. des Syrtes, 2005.

21) P.-A. Taguieff, La force du préjugé, op. cit., p. 16.
22) P.-A. Taguieff, Résister au bougisme, Paris, Mille et une nuits, 2001, p. 54.
23) P.-A. Taguieff, La force du prejuge, op. cit., p. 16.

은 머릿속에 떠오르는 병적인 형태이다.24) 이 경우, 다문화주의는 존중받을 가치가 없는 차별주의를 불러일으키고 위험한 불장난을 하는 어리석은 존재로 드러날 뿐이다. 삐에르-앙드레 따귀에프는 바로 이러한 차원에서 다음과 같이 쓰고 있다.

"공상적인 '정체성에 대한 정치'는 공감 가는 다문화주의 시스템으로 실현될 가능성이 작다. 이러한 정치는 정치 마피아를 기도하는 사람들이 선동하는 민족국가 분리주의자들의 결집으로 이어지는 지역적 민족정치ethnocraties의 형태로 실현될 우려가 있다."

이 관점에서 극적인 민족간 갈등으로 드러난 긴장된 상태의 지정학적 맥락이 "부드럽고 안락한 유토피아를 꿈꾸는 이들에게는 고통스럽겠지만, 세계주의와 전체주의를 현실로 끌어들이는 데 충분하다고 판단할 수 있을 것이다."25) 다시 류벤 오지엥의 표현26)을 보면, 이 입장이 '도덕적 공황'을 간략히 표현한 것은 아니라고 생각할

24) R. Ogien, *La morale a-t-elle un avenir?*, Nantes, Éd. Pleins feux, 2006, pp. 35~43.

25) P.-A. Taguieff, *Résister au bougisme, op. cit.*, p. 63.

26) R. Ogien, *La panique morale*, Paris, Grasset, 2004.

수도 있을 것이다. 삐에르-앙드레 따귀에프의 입장은 민주적인 자유주의의 심화로 이해되지 않는 이데올로기에 의한 다문화주의의 실현 가능한 실용화를 강조한 것으로 일견 일리가 있어 보인다. 이러한 이견들을 보면서, 다문화주의 이론가들은 "정치적이라고 여겨지는 다문화주의는 근본적으로 사회적 공간에 다시 민족적 성격을 부여하고, 분열을 정당화하며, 공동체 혹은 정체성과 관계된 지도자들에 대한 제어를 포기하게 한다."[27]는 결론이 정당하지 못하다고 주장할 것이다.

이 두 번째 입장은 근본적으로 문화서열화 논리가 은폐한 형태일 뿐이라는 이유로 자주 비난 받아왔다. 이 비판은 예기치 않은 방식으로 작용할 수도 있지만, 원칙적으로 사실이 아니다. 아직 구체화되지 못한 정부체제를 우리가 고안하고 실현해야 할 때 필요한 현실적 능력과는 별로 상관이 없이, 이러한 주장 전제하는 것은 이러한 목표가 바람직하다는 것을 제시할 유일한 사실이 다문화주의가 민족중심주의라는 비판을 면하게 해주기만 하면 된다는 것이다. (자기 자신에 대한 비판적인 거리두기의 결여를 전제로 하는 입장)

---

27) *Ibid.*, p. 48.

ⴊ. 공공의 중립성 원칙

비개별화의 기준을 심화시킨다면, 이를 정치적으로 공식화하는 일은 국가의 중립성을 지킬 것을 요구하는 일과 같다. 이때 사람들은 국가의 중립성을 국가에게 맡겨진 자율적 결정기능을 수행하는 근본적인 조건이라고 생각한다. 이 이론적 제안은 두 가지 부분에서 눈여겨 볼 만하다. 왜냐하면 우선, 가장 세련된 형태에서 이론적 제안은 보편주의에 대한 비판의 형태로 여겨지기 때문이다. 다음으로는 이 이론적 제안으로, 사회가 성립할 수 있는 조건들로 여겨지는 기능적 요구들에 대응할 수 있다.

모든 문화적 결정에 거리를 두면서, 국가는 보편성과 일반 혹은 공공의 이익의 단계에 스스로 이르게 된다. 다시 말해, 국가는 국가의 '공정성' 때문에 (국가는 사적인 이익이나 특정한 정체성 쪽으로 기울어질 수 없다) 권리와 정의를 말할 수 있다. 그러나 소수자들은 동업자와 같은 단결과 봉건적 성격이 다시 나타나면 어쩔 수 없이 다다르게 되는 논리에 따라 '당연히' 특수한 이익만을 목표로 할 수밖에 없다.

이론적 차원에서, 이러한 사상은 현대 정치적 자유주의

자들의 몫이었다. 우리는 특히 이를 설명하기 위해 미국 철학자 존 롤스John Rawls를 참고해야 한다. 그는 1971년에 『정의론Théorie de la justice』에서, 그리고 1993년 『*Libéralisme politique*』[28]라는 저작에서 토론 시초가 되는 표현들을 사용했다. 여기에서 중요한 것은 그가 도달한 분배정의의 원칙에 대한 내용보다는 그 원칙의 타당성을 증명하기 위해 사용하는 전제와 논증방식의 원칙들이다.

롤스는 그의 정의원칙들의 체계를 정당화하는 일을 통해 사회계약의 전통적 이론이 재가공을 거친다고 주장한다. 그는 1992년, 논문집 『*Justice et démocratie*』의 서문에 다음과 같이 썼다. "나의 목표는 사회계약의 전통적 견해를 일반화하고 좀 더 높은 추상적 수준에 올려놓는 것이었다. 나는 이 견해를 통해 사람들이 불가피하다고 생각하고, 가장 자주 부딪치는 반대에 빌미를 주지 않는다는 것을 보여주고 싶었다. 나는 더 명확하게 이 개념의 구조적인 주요한 특성들을 도출해내고, 공리주의보다 나은 해결책인 정의를 체계적으로 설명하면서 그 개념을 발전시키고 싶었다. 나는 이 개념이 정의를 주제로 오랜 사고를 통해 만들어진 우리 신념의 최대 근

---

28) J. Rawls, *Theorie de la justice*, trad. C. Audard, Paris, Le Seuil, 1997; *Liberalisme politique*, trad. C. Audard, Paris, Le Seuil, 1995.

사치를 표상한다고 생각했다."29) 이러한 관점에서 롤스는 자유주의 이론의 전통 안에 위치하고 있다. 이때, 자유주의 이론은 때로 우리로 하여금 '자연의 상태'를 상상하게 한다. 바로 이 상태로부터 우리는 시간과 공간의 환경을 추상화하면서 사회의 이상적·안정적 정치 조직화를 생각할 수 있다.

홉스Hobbes, 로크Locke 혹은 루소Rousseau가 제기했던 문제는 다음과 같다. 개인들이 자연 상태에 놓여 있었다면 어떤 종류의 계약을 맺었을 것인가? 여기까지 롤스의 전제도 마찬가지였는데 다음과 같다. 우리가 계약을 꼼꼼히 확인했을 때, 국가의 정당한 권한과 마찬가지로 개인의 권리와 의무를 명확히 하게 된다는 것이다. 그러나 롤스는 이 전통을 단순히 물려받기만 하는 것은 아니었다. 그는 전통을 보다 더 완벽한 것으로 만들고자 했다.

우선 전통을 보다 더 완벽하게 만드는 일은 특히 자연 상태의 주제로부터 '본래적 위치position originelle'로 이행하는 것으로 인해 두드러진다. 롤스는 자연의 언어를 단념했다. 이는 명시적으로 계약의 개념을 몇몇 도덕적 신념의 영향에 대한 숙고의 수단으로 만들기 위한 것이었다.

---

29) J. Rawls, *Justice et democratie*, trad. C. Audard et al., Paris, Le Seuil, 1993, p. 8.

그는 또한 개인들 사이에 존재하는 도덕적 평등사상으로부터 정치적 함의들을 이끌어내고자 했다. "인간은 자유롭고 평등하게 태어난다." 사회계약이 우리에게 이 신념을 주는 것이 아니다. 오히려 바로 이 신념으로 인해 우리가 정치질서의 원칙으로서 사회계약 개념을 향하게 되는 것이다.

롤스는 개인이 자연적 관점에서 평등하지 않다는 사실—재능, 힘, 자원의 불평등이 존재한다—을 강조하며 계약의 개념 또한 고쳐나갔다. 홉스는 신체적 불평등이 무엇이건 간에 다른 인간을 죽일 수 없을 만큼 약한 인간은 존재하지 않고 자연의 관점에서 인간은 평등하다고 강조하며 이 문제를 해결했다. 롤스는 인간들 사이에는 불평등이 존재하며 계약은 그로부터 오는 불평등한 결과들을 없애는 역할을 한다고 주장한다. 다시 말해서, 본래적 위치에서 개인들은 어떤 위치가 가장 자신들에게 이로울지를 알지 못하는 상태에서 정의의 원칙을 의결하는 데 참여해야 한다는 것이다. 다른 말로 하자면, 개인들은 그들이 누릴 수 있는 사회적 상태나 자연적 상태의 장점과 그들의 정체성까지도 가리는 '무지의 장막' 아래서 협상을 해야 한다는 말이다. 무지의 장막에는 "인간들을 서로 대립하게 만들고, 사회적·자연적 환경을 자신의 개인적인 이익을 위해 사용하게 하는 특수하고 예기치 않은 효과"를 무력화하기 위한 목적도 있다. "그것이 제가 상대를 무지의 장막 뒤에 위치시키는 이유입니다."라고 롤스는 덧붙인다. "그들은 다양한 가능성들이 어떻게 자신들이 겪는 개별적 경우에 영향을 줄지 모르고, 오직 보편적인 사고의 바탕 위에서 원칙들을 판단해야만 할 것입니다."[30]

개인들은 정의의 원칙을 선택할 것이다. 왜냐하면 그들은 바람직한 삶을 갈망하고 협동관계를 벗어나서는 이러한 목표를 추구할 수 없다는 것을 알고 있기 때문이다. 그들은 그들이 사용할 수 있는 모든 재능 전체를 무시하게 될지도 모른다. 다시 말해서, 롤스에 따르면, 그들은 이성적이고 합리적인 존재이다. 또한, 개인이 누릴 수 있는 1차적인 사회적 선의 최소한이 동시에 가장 높은 수준의 것일 수 있는 상황을 선택하도록 하는 최소극대화maximin의 규칙에 따라 결정을 내리게 될 것이다. 다르게 말하면, 계약 당사자들은 최소한의 것을 최적화시키는 분배의 시스템을 추구한다.

'목적론적인' 접근에 반대되는 롤스의 의도는 '의무론

---

30) J. Rawls, *Theorie de la justice, op. cit.*, p. 168.

의déontologique' 관점에서 정의를 선의 우위에 위치시키는 정의의 절차적 개념을 도출하는 것이다. 왜냐하면, 바로 이 절차가 동의의 정의를 보장하고, 이 절차로 인해, 온전한 인격을 존중할 수 있고, 그 결과, 인간의 다양성을 고려할 수 있기 때문이다. 또한, 정의의 요구에 따라 각자가 의무론의 관점에서 자신들의 목적을 추구할 수 있기 때문이다. 반대로, 목적론적인 관점에서는 목적으로 제시된 어떤 선의 개념이 그 목적 실현을 위해 어떤 개인의 자유를 제한하는 것이 가능하다.

다른 관점에서 자율성의 존중은 주체가 계획하는 목표 전에 있는 것으로 여겨질 때만 가능하다. 만일 나의 자아가 '연루되었다engagé'고 생각한다면―이 말은 자아가 공동체 혹은 전통으로부터 어떤 궁극적 목표들을 부여받았다는 것을 뜻한다―나는 자유주의적인 관점에서 보면 개인적 목표들로 가치를 만드는 일을 무시하게 된다. 즉, 선택은 개인이 자신의 입장에서 하는 것이다.

롤스의 공정성 정의이론에서는 개인들 사이에 존재하는 도덕적 평등개념과 본래적 위치 안에서의 의결을 행하는 사람들을 특징짓는 특수성들을 묶어내는 일 사이에 중요한 관계가 형성된다. 이 관계는 다른 관점에서 '자유로운désengagé' 주체로서 자율적인 개인의 표상에 관한 것이며, 국가의 완벽주의와 간섭을 비판하는 일에 대한 기반이 된다. 개인은 선택의 자유로 인해 그의 눈에 무엇이 가치가 있는지를 결정할 수 있어야 하며, 자신의 신념을 발전시키고 교정해나갈 수 있는 상황에 둘 수 있어야 한다. 자신이 '바람직하다'고 판단하는 가치에 대한 신념을 판별해내는 것이 각자의 바람이라면, 국가는 이 지점에서 개입하지 않고 각자에게 평등하게 그에 대해 스스로 결정할 수 있는 가능성을 제공하는 것이 중요하다.

이 논거를 통해 롤스는 공공의 중립성 원칙을 옹호할 수 있게 된다. 이러한 관점에서, 공공의 권력은 그 권력의 행위들을 실현하는 데 일조하고자 하는 선의 본질적인 개념의 우월성을 주장하며 그 권력행위들을 정당화할 수 없다. 이 부분은 매우 잘 알려져 있다. 역시 롤스의 말을 빌자면, 국가는 포괄적이고, 다양한 도덕적 견해들을 단절시키지 않는다는 것을 뜻한다. 이는 오히려 민주주의에 적절하고 공공의 문화에 대한 기본적인 사고들에 의지하고 있는 정치적 정의의 개념을 보여준다. 시민들은 그들의 사적인 삶 혹은 '그가 속한 집단 내부의 삶'에서 '그들의 궁극적 목표와 정치적 개념을 전제로 하는 다양한 방식으로의 참여'를 생각할 수 있지만,

롤스에게 있어 그들이 공공문화의 공통된 중심부로 모여들 수 있다면 이는 별로 중요하지 않다.31) 도덕적, 철학적 혹은 실체적, 종교적 신념에 의해 결정되는 그들의 '공공적이지 않은 정체성'은 고려대상이 아니다. 따라서 '공통점에 의한 의견일치'에 의존했을 때, 공정성으로서 정의가 실현될 수 있는 것이다. 롤스는 '다원주의 사실'을 인정한다. 그는 심지어 "현대 민주사회에서 찾아볼 수 있는 합리적이고 포괄적인 견해의 다양함은 순수하게 사라질 수 있는 역사적인 조건이 아니다. 그것은 민주주의 공공문화의 항구적인 특성이다"32)라고 강조하기까지 한다. 매우 신중하게, 만일 자유주의 국가에 대해 그 국가가 중립적이라고 말할 수 있다면 그것은 자유주의 국가가 자신의 근본적인 체제와 공공의 정치를 통해 어떤 특정한 도덕적 견해에도 특혜를 주지 않도록 노력한다는 의미에서이다.33) 1978년, 로랜드 드워킨Roland Dworkin은 이 생각을 명확히 공식화했다. 그는 국가에 대

---

31) J. Rawls, *Justice et démocratie, op. cit.*, pp. 228~229.

32) J. Rawls, *Libéralisme politique, op. cit.*, p. 63.

33) 롤스에 의해서 고안된 도식에 인정의 개념을 결합하기 어렵다는 사실에 대해서는 다음의 저서를 참고할 것. Ch. Lazzeri, "Le probleme de la reconnaissance dans le liberalisme deontologique de Rawls", *Revue du MAUSS*, no. 23, ≪De la reconnaissance≫, 2004, pp. 165~179.

해 시민들을 평등한 개인으로서 대우할 것을 요구하는 일과 '바람직한 삶의 방식에 대한 문제'에 있어 중립을 유지하는 일의 필요성 사이에 관계를 연관지었다. "왜냐하면, 한 사회의 내부에서 모든 시민들이 이 주제의 합의에 이르지는 못할 것이기 때문이다. 또한, 정부는 지도자가 어떤 하나의 개념이 본질적으로 다른 모든 개념들에 비해 우월하다고 주장하거나, 특정한 개념이 가장 다수이거나, 권력 있는 집단의 것이라는 이유로 한 개념을 다른 개념보다 선호한다면 이는 시민들을 동등한 개인으로서 대우하지 않기 때문이다."34) 관용의 사회적 가치를 다시 확인시켜 주는 이 이론은 '잘 정돈된 사회'에서 선을 드러내는 경쟁적 표상들보다 정의가 우월하다는 생각을 형성하는 데 공헌했다. 이 주제들은 그 목적에서부터 수많은 섬세한 형성과정, 심화, 논쟁을 불러일으켜 왔다.35) 우리는 그것을 계속 이어나가지는 않을 것이다. 이 화제의 단계에서는 이 주제들이 파괴적인 자

---

34) R. Dworkin, *Une question de principe*, trad. A. Guillain, Paris, PUF, 1996, p. 239.

35) 이 논의 예를 보기 위해서는 다음 저서들을 참고할 것. Ch. Larmore, *Patterns of Moral Complexity*, Cambridge, Cambridge University Press, 1987, pp. 118~130; J. Raz, *The Morality of Freedom*, Oxford, Clarendon Press, 1986, pp. 110~133.

민족중심주의의 형태로 전락할 가능성이 거의 없고, 중립성을 갖는 강력한 이론적 정당화를 이루어냈다는 사실을 강조하는 것으로 충분하다. 우리는 이와 같은 관점에 위치하면서 문화적 정체성에 대한 제도적 접근은 정당하지도, 유용하지조차 않다는 것을 이해할 수 있다. 혹은 그렇게 함으로써 기대되는 장점들은 민주사회를 약화시키고, 사회가 보호하고자 하며 그렇게 전제되어 있는 개인적 권리를 위반하는 위험을 떠안는 것을 정당화할 수 있을 만큼 대단한 것이 아니라고 생각할 수도 있다는 것을 충분히 이해할 수 있다.

정체성들의 정치

가장 앞선 이론적 형태의 다문화주의 고민을 이해하기 위해서는, 그 고민을 민주적 평등의 역동성이 초래하였고 자신에게 대립하여 반대하고 있는 것들을 통합하고 있는, 그 대신 이러한 사실은 전체의 관점 때문에 생길 수 있는 다문화주의가 매우 초보적인 발달단계에 머물러 있어서 가장 하위 단계의 공동체주의와 구별도 되지 않을 것 같다는 식의 평가가 전개되어서는 안 된다는 것을 의미한다. 우리는 그렇게 평가하려고 하는 경향을 일종의 '히틀러로의 환원'[1])에 의해 가볍게 볼 수는 없

---

1) J. Lévy가 자신의 논문 "Liberal jacobinism", *Ethics*, no. 114, 2004, pp. 318~336에서 강조했던 것으로 상당한 논란이 있었다. (역주) 모든 일을 히틀러와 관련

다. 왜냐하면 다문화주의를 무시하는 평가는 정치적으로 다문화주의를 선택하는 것이 시민과 정치의 자유를 제한할 수밖에 없게 하는 난폭한 혼돈 속에서 사회의 해체, 민족들과 종교들 사이의 갈등, 국가적인 연대의 종말로 이끄는 일일 것이라는 생각을 퍼트리려고 하는 일이기 때문이다. 윌 킴리카가 정확히 지적한 것처럼, 우리가 사십 년도 훨씬 전부터 민주주의 사회에서 다문화주의를 논의하고 실험했지만, 그러한 예견은 전혀 실제로 일어나지 않았다.[2]

그러는 동안, 다문화주의는 이론적 정당화를 위한 대단한 노력의 대상이었다. 정치·철학·역사의 단계에서 비교적 최근이라고 할 수 있는 분야에서는 이에 대한 발전이 괄목할 만큼 이루어졌다. 이러한 평가가 가능한 것은 그러한 분야에서 단순히 다문화주의에 대한 극히 근본적인 반대들을 고려했기 때문이 아니다. 그 분야에서 방법론적인 오류들이 수정되었고, 다양한 국가적 환경이 차츰 부각되었다. 또한 국제적인 역동성도 아울렀고, 학제적인 접근이 체계화되었다. 왜냐하면 종국에는 그

된 것으로 환원하여 비판한다는 것.

2) W. Kymlicka, *Multicultural Odysseys: Navigating the New International Politics of Diversity*, Oxford, Oxford University Press, 2007, p. 136.

분야에서 행해지는 분석들이 보다 큰 제도적 특수성을 고려하는 차원에 이르기 위해서 섬세하게 다듬어졌다는 것 때문이다.[3] 오늘날 다문화주의가 시대에 뒤떨어진 형태를 반복하는 것, 자유민주주의 발전에 비해 후퇴된 것, 겁에 질린 '정체성의 후퇴'를 표현하는 것이라는 답변에 그칠 때, 우리는 현재 벌어지고 있는 논쟁에 효과적으로 기여하고 있지 않는 것이다.

1. 통합에 대한 요구

다문화주의가 원래 (때로 무의식적으로) 문화적 보수주의에 뿌리를 두고 있다는 생각은 꽤 오래된 것이다. 그러한 사고는 다문화주의가 주장하는 것들이 공동체생활의 근간들을 위협하는 자유화와 개인화의 과정에 대한 일종의 대응이라는 것을 강조하고 있다. 보수주의 엘리트들은 다문화주의를 통해서 개인적인 자유를 제한하려고 했다. 왜냐하면 그들은 이 개인적인 자유가 전통적 권위에 대한 거부로 이어질 거라고 우려했기 때문이다.

---

3) W. Kymlicka, *Politics in the Vernacular. Nationalism, Multiculturalism, and Citizenship*, Oxford, Oxford University Press, 2001, pp. 46~47.

이러한 관점으로부터 다문화주의를 장려하는 일이 자유주의적 개인주의 거부에 합류하게 된 것이다.4) 우선 이러한 생각은 매우 의미심장한 것이다. 그래서 다문화주의에 대한 이론적 발전이 첫 번째로 이루어졌던 시기였던 1970년대와 1980년대에, 다문화주의는 그런 식의 보수주의나 공동체주의가 되는 것에 대해 부인해야 했었다. 이러한 차원에서 논의를 계속하는 것은 다문화주의를 위해 적극적인 지지자들이 항상 이러한 문제가 있다는 것에 매우 민감하게 관심을 가지고 있다는 것을 고려하지 않는 일이다. 예를 들어, 윌 킴리카는 처음으로 다문화주의가 진보주의적인 것일 수도, 보수주의적인 것일 수도 있다는 것을 인정하였다. 그는 이런 의미에서 다음과 같이 쓰고 있다. "보수주의자들은 때로 다문화주의를 표방하기도 했다. 왜냐하면, 그들은 자유주의와 개인의 자율성이 실질적인 문화적 공동체의 관습과 전통적 관행들을 파괴하고 공공선公共善에 대해서 공동체적인 정책을 수행하는 그들의 능력을 뒤흔드는 것이라고 생각했기 때문이다. 전통주의 엘리트들은 다문화주의 수사를 동원하고 있다. 그 목적은 여러 변화들이 자신의

---

4) 예를 들어, V. Van Dyke, "The individual, the State, and ethnic communities in political theory", *World Politics*, no. 29-3, 1977, pp. 343~369를 참조할 것.

집단에 들이닥치는 것을 막고, 그것의 영향이 내부세계에 영향을 미치는 것을 제한하는 것이다. 또한, 그들의 진정한 문화 혹은 전통에서 가장 중요하게 여겨지는 몇몇 개념들을 보호하기 위한 것이다."[5] 여기서의 다문화주의는 고전적으로 근대화와 세계화의 과정에서 나타나는 개방, 변동, 다양성, 내재적인 자율성에 대한 우려를 표명하는 보수주의와 같은 것이다.

이러한 관점에서 세계화는 항상 획일화 과정에 속한다. 이 획일화 과정은 항상 다양한 사람들의 동의에 의해서 이루어진다. 그리고 의식적이었건 무의식적이었건, 자발적이건 비자발적이건, 열정적이건 억지로 하는 것이든 간에, 그것은 소비의 통일된 공동체('시장')를 규정하는 지식, 신념, 표상, 욕구, 관행 전체를 공유하는 사람들의 선택에 기반을 둔다. 또한, 사람들은 이러한 관점에서 구조적으로 이루어지는 다소 격렬한 동화의 과정을 이야기하기도 한다. 즉, 인정의 요구는 여기서 획일화를 거부하는 일일 것이다.

이러한 공통지역에 진실의 기반이 있다. 그러나 그 지역은 소수자들이 대응, 후퇴, 거부를 근본적으로 못하게

---

5) W. Kymlicka, *Contemporary Political Philosophy*, 2e ed., Oxford, Oxford University Press, 2002, pp. 368~369.

해두었지만, 소수자에게서 자신의 의미와 인정의 중요한 일부를 빼앗아가 버린 짧은 역사 속에서 문화적 소수자들이 주장하는 바를 드러내는 경우도 있다.

만약 우리가 문제를 보는 시각을 바꾼다면, 우리는 이 현상이 구조적으로 아무것도 새로울 것이 없다는 것을 깨닫게 된다. 우리의 세계는 끊임없이 '세계화'되어 가고 있다. 세계화는 초국가적인 통합의 가장 최근 형태 중 하나일 뿐이다. 우리는 긴 역사와 비판적 거리를 통해서 종족적 소수자들이 오랫동안 초국가적인 통합과정의 가혹함을 겪었다는 것을 보게 된다. 세계화와 같은 의미로, 국민국가가 점진적으로 성립되어 가는 것은 구조적·지역적으로 초국가적인 통합의 한 형태이다. 단계는 변화했지만, 원칙은 동일하다.

근본적으로 그 의미가 변질된 '정체성의 후퇴', '거부'의 개념들에 민족정체성의 인정의 문제제기를 더 이상하지 않기 위해서, 정체성의 확인과정을 규정하기 위한 긍정적인 차원들을 회복하기만 하면 된다. 이 점에 대해서 수행된 연구들은 근본적으로 이 인정에 대한 요구들이 어떤 형태의 경제조직에 대항하여 세워진 성벽과는 다르다는 것을 보여준다. 다시 말해 그 요구들은 더 이상 개인의 권리와 자유라는 유산을 제한하는 방식이 아니라, 오히려 그 반대로, 계획적으로 수행된 정치적 근대성을 살찌운 보편성과 평등한 자유에 대한 약속을 실현하는 방식으로 여겨지는 것이다. 대개의 경우, 이것이 설명하는 것은 현대 민주주의에서 나타나는 인정에 대한 요구들은 단지 진정한 통합에 대한 요구와 일치한다는 것이다. 소수자들은 보다 포괄적인 사회적·정치적 역할에 자신들이 진입할 방법을 다시 협상하는 일이 매우 빈번하다. 우리의 판단에는 소수자, 미디어에 대한 접근, 언어정책들 등을 고려한 학교교육 프로그램 변화를 목표로 하는 요구들을 본래 정체성들의 정치에 속하는 조치들로 여겨질 수 있다. 그 반면에, 여러 집단이 주장하는 것들은 정체성에 대한 인정을 목표로 하는 것이 아니라 기회의 공정성, 평등성과 보다 더 완벽한 정치적 통합에 대한 요구에 해당한다고 할 수 있다.6) 이러한 구분이 미치는 영향력은 우리에게 반드시 필요한 것 같다. 근본적으로, 정체성에 대한 인정의 요구는 통합에 대한 요구들과 같다. 결국 다문화주의가 원인이 될 수 있는 비굴한 분열의 위험은 이러한 사실로 보아 별로 확실하지 않다.

---

6) I. M. Young, *Inclusions and Democracy*, Oxford, Oxford University Press, 2000, p. 107.

이와 같이 정체성을 주장하는 일이 반드시 어떤 낡은 것들에 반하는 거부의 표시는 아니다. 예를 들어, 그러한 주장이 민주주의적 가치를 지지하는 것으로 더욱 활성화되었을 때, 혹은 그 주장이 또 다른 세계화에 대한 욕망에 근간을 이룰 때, 우리는 그것을 진보의 동력이 될 수 있다고 생각하면서 논의를 더욱 진전시킬 수 있다.

세계화에 대한 거부와 정체성에 대한 주장 사이에서 형성되는 관계는 동화주의자들이 정체성의 요구와 근대성, 대혁명, 진보에 대한 거부와 맺었던 보다 오래된 관계의 반복일 뿐이다. 거대한 다수 속에서 국가의 소수자들은 고립이 아닌 해당 집단의 몫을 존중하는 통합을 원한다. 이러한 의미에서 인정은 우리의 민주주의를 위해서 중요한 관건이 된다.

이러한 시각에서 우리는 문제를 제기하는 방법을 바꾸어야 할 것이다. 문화적 다수주의를 고려하는 일을 긍정적으로 생각할 때, 이는 일반적으로는 민주주의 원칙을 존중함으로써 우리가 우리 사회를 변화하는 것을 지지하는 것이다. 그리고 이러한 변화를 통해서 문화적 다양성에 대한 제도적 인정도 이루어진다. 관점을 바꾸는 일은 단순히 문화적 다양성을 인정하기 위한 민주주의 원칙들을 동원하는 일뿐만 아니라, 이 제도적 인정이 우리의 제도가 가진 민주주의적 기능을 완성하는 관점에서 (각자의 어떤 목표가 아닌) 결정적인 도구가 될 수 있다는 사실을 설정하는 일이 중요하다는 것을 보여주는 것이다. 인정과 문화적 정체성을 제도적으로 고려하는 일은 다르게 말하면, 우리 사회의 민주화의 우선시되는 도구들로 여겨질 수 있다. 이러한 사실을 주장하는 일은 중립성의 원칙이 이러한 관점에서는 결합이 있다는 것을 분명히 암시하는 것이다.

ㄹ. 불가능한 중립성

중립성의 원칙이 인정의 정치가 표명하는 기대에 대응하고, 공동체주의의 위험을 겪지 않도록 해줄 때, 이 원칙으로 인해 우리는 인정의 정치에 발을 들여놓지 않아도 된다는 말인가? 국가의 민족적 중립성은 문화적 소수자들의 요구와 열망에 충분히 대응할 수 있는가? 대부분의 이론가들과 다문화주의 실천가들은 아마 이 두 가지 질문에 부정적인 응답을 내놓을 것이다.

이러한 사실이 어떤 의미에서는 다문화주의 초기에 가해졌던 비판의 반전이 된다는 사실에 주목해야 한다.

이러한 관점에서, 공동체주의의 비난으로부터 다문화주의를 보호하려고 노력하는 것이 중요하다기보다는, 아주 간단히 자유민주주의 사회들이 제도적으로 그들이 주창하는 개인주의 원칙들을 존중하지 않는다는 사실을 보여주는 것이 중요하다.

이러한 비판은 특히 강력한 공동체주의 흐름[7]에 의해서 만들어졌다. 이 흐름은 게다가 인문과학 분야에서 문화적, 언어적, 종교적인 중요한 요인들로부터 입증된 영향으로 만들어진 지식들을 동원한다.[8] 중립성의 원칙이 많은 왜곡을 당하고 있다는 것은 경험적으로 증명된 사실이다. 자유주의 국민국가가 분명히 가능한 특수한 정체성을 법적·정치적 공간을 획득하려고 하는 집단들을 근절하려고 할 수 있었다. 하지만 그렇게 하는 것이 확정된 문화적 정체성 표명되는 것을 막을 수 없었다는 사실이 그것을 보여준다. 다르게 말하면, 국민국가들은 개별주의의 민족적, 종교적 형태를 근절하기 위해 동원하

---

7) 이 논쟁에 대해서 불어로 소개한 것은 다음 논문집을 참조할 것.
   A. Berten, P. da Silveira et H. Pourtois, *Libéraux et communautariens*, Paris, PUF, 1997.

8) 다음 논문은 매우 엄격하고 적절한 논의를 전개한다.
   Daniel Weinstock, "La neutralité de l'État en matière culturelle est-elle possible?", in Ronan Le Coadic(dir.), *Identités & démocratie*, Rennes, PUR, 2003, pp. 365~380.

는 원칙들에 별로 적합하지 않다.

이러한 사실을 받아들이기 어렵다는 것도 쉽게 이해가 된다. 국가정체성을 결정하는 개별적 요소들은 때로 너무 오래된 것이어서 그 요소들이 일반적으로 그들의 개별성으로 더 이상 인식되지 않는다. '통합adunation'의 과정이 보편성을 주장하는 것들의 도움을 받아 구축되는 경우 이는 더욱 더 분명한 사실이다. 우리는 (때때로, 그 중립성을 무종교원칙의 보호라는 배경에 배치하면서) 강한 중립성의 개념을 주장하는 입장들만 고려하기 위해서 그러한 개별주의9) 수용을 이해하는 입장들을 무시할 수도 있다. 하지만 그때에 우리는 다음과 같은 사실을 확인하게 된다. 만약 사람들이 그러한 형태의 개별주의를 인정하게 된다면, 그것은 어떤 의미에서 중립성을 요구하는 일과는 별로 상관없이 그 중립성을 물려준다고 한다든지, 그 중립성을 사실의 상태로 만들기 위한 것이다. 이러한 개별화된 결정요인들은 그들의 문화적 정체성이 어떤 것이든 간에 시간이 지남에 따라 이후부터 모

---

9) 이러한 관점은 지정학적 가설에 기반을 두고 있다. 이 관점은 최근에 다시 활발히 거론되고 있었다. P. Manent 그의 책(*La raison des nations*, Paris, Gallimard, 2006, pp. 16~17)에서 우리가 "인간 집단들 사이의 구분이 완전 극복되지 않았다는 점과, 그렇게 할 수 없다는 사실이 자유의 조건이며, 인간의 다양성의 조건이라는 점을 알지 못하는 것에 대해 유감을 표했다".

든 개인들이 받아들일 수 있는 공공의 문화에 혼합될 수
도 있을 것이다.

예를 들어, 프랑스에서는 달력을 보면, 가톨릭종교와
관련이 있는 여러 공휴일이 표시되어 있다. 중립성의
원칙을 위해서는 종교적인 공휴일을 중립적인 공휴일
로 바꾸는 일과 개인에게 자기 맘대로 사용할 수 있는
얼마간의 휴무일을 주는 일이 필요할지도 모른다. 만약
우리가 중립성의 원칙을 공정성으로 해석한다면, 우리
는 프랑스를 대표하는 주요한 종교들이 그러한 휴일들
을 적어도 하루는 가지도록 하기 위해 합법적으로 그
공휴일을 다시 정의하는 일이 필요하다는 것을 생각할
수도 있다. 스타지 위원회 보고서 무종교성(라이시테)에
대한 이러한 유형의 제안은 심한 비판의 대상이 되었
다.10) 이러한 비판은 역사적이고 우발적인 근거에 바탕
을 둔 것이었다. 왜냐하면, 가톨릭 공휴일은 구체제부
터 있었던 것이며 사회적 권리가 존재하지 않았던 시기
까지 거슬러 올라가는 사회적 기득권이기 때문이다. 이
러한 휴일을 유지하는 일은 다시 제정하는 일과는 분명
히 다를 것이다.

---

10) 예를 들어 J. Langfried, *Contre le communautarisme*, Paris, Armand Colin, 2007을 참조할 것.

우리 시대를 살고 있는 시민들에게 이러한 차이는 별로 의미가 없다. 역사적 근거는 기능적 관점에서 어쩌면 유효할 수도 있지만, 그것이 권리가 될 수는 없을 것이다. 개별주의는 아무리 다수라고 해도 소용이 없다. 개별주의는 그 특수성을 드러낸다. 그때는 그 개별주의를 위해서나 혹은 그 개별주의를 표시하는 특수성을 위해 해체될 뿐이다. 외부에서 보는 사람들이나 소수자 그룹의 구성원들에게 그것은 그가 공동체를 한정하는 장벽을 표현하는 일일 뿐이다.11) 이러한 예는 중립성원칙의 한계에 대해 우리가 주목하게 되는 요인이 된다. 이러한 사실에 접했을 때, 실제로 완벽히 대립되는 두 가지 태도를 선택할 수 있다. 첫 번째 태도는 중립화의 논리를 보다 앞으로 내세우기에 알맞다고 말하는 것이다. 직접적으로 제도적 질서를 개혁하고, 공공정책의 효과를 주의하지만, 또한 간접적인 차별에 관심을 갖는 관점에서는 공공문화에 존속하는 개인주의 흔적을 완전히 없애는 일은 중요하다. 이 관점은 이러한 흔적을 제거할 수 있는 오래되고 사소한 흔적들이라고 생각한다.

두 번째 태도를 취하는 이들은 전체 중립화의 프로젝

---

11) I. M. Young, *Justice and the Politics of Difference*, Princeton, Princeton University Press, 1990.

트가 원칙적으로 불가능하다고 생각한다. 다르게 말하면 이들은 다수인 상징적 지배의 모든 흔적은 사라지게 할 수 없을 것이라고 생각한다. 왜냐하면 문화적인 것과 정치적인 것은 어쩔 수 없이 분명히 서로 영향을 주기 때문이다.

이는 국가가 설정했던 목표들을 달성하기 위해서 어떤 측면에서는 문화의 동인으로 움직이지 않을 수 없다는 것을 인정하는 일이다. 따라서 이러한 방식으로 개입했을 때, 정부는 직업시장, 경제, 재분배시스템의 효율성을 보장할 수 있을 것이다. 그리고 사회적 안정성과 정치생활의 기능을 보장하게 될 것이다. 이러한 관점에서 정부는 예를 들어 제한된 수의 언어에만 특권을 부여할 수밖에 없을 것이다. 유럽 통합과정과 관련해서 분명히 다루어져야 할 이 문제는 우리가 알다시피 국민국가라는 한계에서는 제한된 답변을 받은 바 있다.[12]

또한 문화적인 것과 정치적인 것이 서로 영향을 준다는 사실을 인정하는 효과는 자유민주사회가 어떤 특별

---

12) 지역 언어의 위상에 대한 논증이 입증하는 바와 같이 이것은 아직 프랑스에서는 사실이다. 그 논쟁이 끝난 후에 지역 언어 혹은 소수 언어들에 대한 유럽 헌장의 관점에서 그 언어들을 국가의 언어로 인정하는 가능하지 않다. 이 실패의 역사와 역학에 대해서는 다음 책을 참고할 것.

A. Renaut, *Qu'est-ce qu'une politique juste?*, Paris, Grasset, 2004, pp. 203~254.

한 역사의 복합적이고 모순적인 산물이라는 것을 별 어려움 없이 강조하는 것으로 나타난다. 따라서 통합은 이러한 유형의 특별한 사회에 통합되는 것과 완전히 다르지만, 이러한 역사에 속해 있는 사회에서 온 개인에게는 별로 문제가 되지 않는다. 이와 동일한 통합은 도덕적 개인주의 가치들이 그다지 존재하지 않는, 즉 부인되는 사회에서 온 개인에게는 당연히 실현하기에 어렵다.

만약 중립성을 지키는 것이 불가능하고 사람들이 그러한 사실을 인정한다면, 문화적 정체성의 정치적 가치를 인정하는 일을 가로 막고 있는 주요한 장애물을 치우는 효과를 가져 올 것이다. 그러나 그러한 사실이 통합의 모델로서 다문화주의의 정당성을 세우기만 하면 된다고 결론을 내려서는 안 된다.

ヨ. 자유주의적 국가주의

사실 중립성이 불가능하다는 확증된 사실은 보다 즉각적으로 국가주의 형태의 자유주의적 입장을 선택하게 만들 수 있다. 이 입장은 만약 국가가 사회의 지속성과 안정성을 보장할 수 있기 원한다면, 문화적 차원에서는 중립적이고자 하면 안 된다고 여긴다. 특히 범세계적인 관점들에 반해서, 국가가 중심에 있다는 사실을 다시 긍정하는 일은 중요하다. 자유주의 국가주의자들에 따르면, 이러한 의미에서 세 가지 주요한 논거가 영향을 미친다.

첫 번째 논거는 사회적 정의문제를 가리킨다. 이는 우선 다음과 같은 사실을 말하는 것이다. 재분배시스템은 개인들이 그들은 모르고 아마도 전혀 만나지도 못할 다른 사람들에게 보다 이익이 되는 돈을 내는 일을 받아들이는 것을 전제로 한다. 이러한 재분배가 가능하기 위해서는 다수의 시민들이 그 재분배를 특히 선거에서 지지해야만 한다. 자유주의 국가주의자들은 역사와 인간이 불공정한 경향을 갖고 있다는 것을 보여준다고 한다. 다르게 말하면, 그것은 그들이 가깝다고 느끼는 사람들을 위한 보다 더 높은 재분배의 차원을 받아들이는 경향이 있다. 그들은 멀다고 생각하는 개인들을 돕는 일에는 보다 까다롭게 조건을 따진다. 재분배를 지지하는 차원은 지원하는 사람과 지원받는 사람 사이의 공통된 정체성이 필요조건이 될 것이다. 이러한 계약은 부분적으로는 상호성이라는 기대에 기반을 두고 있을 것이며, 따라서 어느 정도의 사회적 신뢰를 전제로 한다.13) 이 첫 번째 지점에 사회적 정의가 기회균등을 통해서도 이루어진다는 사실에 기인한다는 두 번째 지점이 추가적으로 고려되어야 한다. 사회적 정의가 보장되기 위해서는 최소한 개인들이 거의 동일한 언어적·문화적 방식을 사용할 수 있어야 한다. 만약 경제적 활동 혹은 교육이 모든 개인들이 효과적으로 사용하지 않는 언어로 진행된다면, 이러한 사실은 어쩔 수 없이 사회적 부당성으로 귀결될 수밖에 없다. 이러한 관점에서 공용어교육을 제공하는 국가교육시스템은 조건을 공평하게 만들고, 사회적 정의에 기여한다.14)

현대 자유주의 국가주의자들은 민주주의에 언어가 우선적으로 필요하다는 사실에 대한 존 슈트어트 밀의 논거를 다시 살펴보고 있다. 그들의 시각에서는 참여와 토의라는 주제와 관련한 이론적, 제도적 관점의 발전으로 인해 각 시민에게 공적 영역에서 공식적으로 사용되

---

13) 이러한 입장을 자세히 밝힌 것으로 다음 저서들을 살펴볼 것.

D. Miller, *On Nationality*, Oxford, Oxford University Press, 1995. Philippe Van Parijs, *Cultural Diversity versus Economic Solidarity*, Bruxelles, De Boeck, 2004.

14) 필립 반 파리예스(Philippe Van Parijs) 국가적 논리를 벗어나서 다른 공용어들과 함께 영어의 발전해야 한다고 생각한다. 왜냐하면 그러한 발전을 통해 보다 포괄적인 사회정의의 증진 방안을 발견할 수 있기 때문이다. 논거는 같다. 오직 그 단계가 바뀌는 것이다.

는 언어 혹은 언어들을 유창하게 사용할 수 있는 능력을 습득할 수 있도록 하는 조건들을 보장할 필요성이 더욱 강화될 뿐이다. 이와 동일하게 참여와 토론의 질은 충분한 신뢰의 조건이 구성되었을 때 그만큼 나아지는 것이다. 따라서 시민들은 정치적 공동체의 다른 구성원들이 각각의 이익과 선호에 대해 적절히 이해하고 있다는 것을 생각하는 일은 중요하다. 이러한 사실은 자유주의 국가주의자들에게는 어느 정도의 문화적 동질성을 전제로 한다.

세 번째 논거는 개인의 자유와 국가정체성 사이의 관계를 설정하는 것이다. 이 가설은 한 문화에 소속되어 있다는 사실이 개인의 선택을 제한하는 것이 아니라 선택에 어떤 방향을 제시한다는 것을 전제로 한다. 아비샤이 마르갈리Avishai Margalit와 조셉 라즈Joseph Raz는 "한 문화와 친근하다는 사실이 상상할 수 있는 것의 경계를 규정한다."라고 서술한 바 있다.15) 사람들이 이러한 관점을 가지게 되면, 국가정체성의 증진이 개인의 자유를 강화하는 데 기여한다고 확신하는 것은 당연하게 된다. 비슷한 관점에서 야엘 타미르Yael Tamir는 "한 문화에 소속되면 개

---

15) A. Margalit, J. Raz, *National self-determination, Journal of Philosophy*, 87-9, 1990, p. 449.

인 활동은 '추가적인 의미'를 갖게 된다. 또한 이러한 문화적인 소속은 집단적 창조가 계속되는 과정에서 지속적으로 문화가 새로워짐에 따라 그 개인의 활동 역시 새로운 위상을 가지게 된다."[16]라고 언급한 바 있다.

자유주의적 국가주의로 인해 국가 건설의 전통적 수단을 사용할 수 있게 된다.[17] 이념의 자유주의적 성격으로 인해 그 이념은 폭압적인 방식을 버리게 되고 문화 소수자들에게 어느 정도의 관용을 가질 수 있게 될 것이다. 그러나 이러한 관용은 소수자의 정체성이 가진 특수한 결정 요인들의 사적인 성격을 드러내도록 장려하는 과정의 궁극적 목표일 것이라는 사실은 인정된 일이다. 그리고 그러한 관용이 단순한 민속적 요소로 소수자의 정체성을 포용한다는 것도 마찬가지이다.

만약 국가주의적 선택이 중립성의 원칙을 실현하려 하지 않고, 반대로 개방적이고 관용적인 사고로 제한된 국가정체성을 자처한다는 사실을 인정하면서 중립성의 원칙과 같은 편에 선다고 해도, 사람들은 그 선택이 어떤

---

16) Y. Tamir, *Political Liberalism*, Princeton, Princeton University Press, 1993, p. 72.

17) W. Norman, *Negotiating Nationalism: Nation-Building, Federalism and Secession in the Multinational State*, Oxford, Oxford University Press, 2006.

부분에 있어서는 모순된 것이라는 것을 알고 있다. 만약 그러한 선택을 하게 만든 개인주의적 자유와 문화 사이의 관계 재해석이 옳다면, 사람들은 원칙들을 고려했을 때, 왜 국가영토에 살고 있는 문화적 소수자들을 고려하지 않는 일이 정당한 건지 납득하지 못하게 된다.

사실 자유주의적 국가주의는 다니엘 웨인스톡이 정확히 지적한 바와 같이, 매우 어려운 딜레마에 봉착해 있다.[18] 딜레마는 다음과 같다. 국가주의가 통합의 과정에서 효율성을 추구하면, 그 때문에 불공정한 일을 하게 될 수도 있다. 또 국가주의가 극히 정의롭고자 한다면, 국가주의는 분명히 자신의 비효율성을 드러낼 수밖에 없다. 만약 조셉 라즈가 주장하는 것과 같이 자유주의 국가의 목표가 실제 가능한 삶의 형태들을 폭넓게 선택하도록 하는 것이라면,[19] 자유주의적 관점에서 국가주의자가 불공정한 방식으로 활동한다는 것도 고려해야 한다. 우리가 알다시피, 국가주의자는 가능성의 장을 축소하고, 그 결과 개인적 자유를 축소하기 때문이다. 국가주의자가 효율적이 될수록 더욱 불공정하게 된다. 반대로 국가주의자가 제한을 부정하고 개인들에게 영합해

---

18) D. Weinstock, "La neutralité culturelle de l'État est-elle possible?", *op. cit.*
19) J. Raz, *The Morality of Freedom*, *op. cit.*

서 행동한다면, 그는 정체성의 차이들이 표현되는 것을 용인하게 된다. 물론 그때 차이들도 공식언어를 사용하고, 역사를 공유하는 지표를 가지고, 법을 준수한다는 공통된 공적 정체성을 바탕에 두고 있다. 이 모델은 이전의 모델보다는 공정하다. 하지만 아마도 이 모델이 이전의 모델보다 더 불안정할 것이라는 사실도 분명히 지적해 두어야 한다. 왜냐하면, 여러 소수자집단의 정당한 기대에 부응하지 못할 때, 상황에 따라서는 이전의 모델보다 문화적 정체성을 정치화하는 일과 결과로 나타날 수 있는 정체성들의 분쟁을 막기가 어렵기 때문이다. 미국의 몇몇 지역들의 경우, 소수자가 된 스페인어 사용자들은 스페인어를 대중적인 사용을 장려하려고 애쓰고 있다.

자유주의 국가가 만나는 초기 딜레마는 다음과 같다. 자신의 효율성을 증대하기 위해서는 결국 공정하지 않은 쪽으로 귀착될 수밖에 없다. 요약하면 제도적, 정치적 인정에 대한 강한 요구가 있을 때, 강한 국가주의는 불공정하고, 개방적인 데 비해 유연한 국가주의는 비효율적이다. 바로 이러한 난점에 다문화주의적 통합의 자유주의 모델은 정확한 해답을 제시하고 싶어 한다.

자유를 위한 다문화주의

다문화주의는 자유주의적 해석으로 선택의 자유와 자치권을 위한 참여에 근거한 인정정책을 옹호한다. 이 참여를 통해 어느 정도 분명하게 문화적 소속이 인정될 수 있다. 이 기준으로 우리는 국민집단들에 속함에 따라서 구분이 되는 권리인정의 세 가지 정당화를 지적할 수 있다.

1. 평등: 소수집단은 바꿀 수 있고, 바꿔야 하는 불공정성을 겪는다.
2. 연혁: 소수집단은 이전 협약들(예를 들면 식민지 개척자들과 토착민들 간의 조약)에 근거해서 행사해야 하는 요

구나 혹은 법률을 가지고 있다.

3. 문화다양성의 본질적인 가치.

1. 동원된 첫 번째 논거는 대체로 모든 시민들이 공평한 대우를 받는 것이 정당하다고 말하는 데에 있는 것이다. 따라서 더욱 중요한 정의는 단지 소수문화를 특징짓는 특수성뿐만 아니라, 모든 특수성들에 대한 더 나은 고려를 전제할 것이다.

2. 차이의 인정은 역사상 관련된 공동체의 적어도 상대적인 자치권을 보장하는 역사적인 조약 혹은 협약의 존재에도 관련될 수 있다. 이 두 번째 논거는 첫 번째 논거와 달리 주로 사실적이고 법률적인 정리의 어려움을 초래한다. 그러나 사람들은 이 논거들이 취약한 국민들에 대하여 다수 지배집단의 의무를 공통적으로 강조한다는 것을 알아차릴 것이다.

3. 이런 이유로 이 논거들은 규범으로서 문화다양성에 근거하고 있는 차이의 권리를 옹호하게 될 세 번째 논거와는 전혀 다른 것이다. 두 논거가 소수집단에 대한 다수집단의 의무를 이야기해도, 세 번째 논거는 사회가 모두 문화다양성을 배려하는 호의를 가질 수 있기를 역설한다. 로버트 포크는 이 관점에서 "사회적 다양성은

우리의 경험을 풍부하게 하며, 문화자원의 양을 증가시키면서 삶의 질을 향상시킨다."1)고 썼다. 따라서 도덕적이며 예술적이고 게다가 교육적인 특혜는 민족문화적 다양성에 연결되고, 정치적 관점에서 다문화주의에 연결된다. 이러한 관점에서 문화다양성은 매우 빠르게 그 자체로서 하나의 가치가 된다. 어떤 문화적이고 규범적인 콘텐츠도 그것이 내부에서 혹은 지배적인 문화와 구별되는 그것을 구분하는 특성을 띤다는 단순한 사실에 의해서 정당화된다. 다문화주의는—그렇다고 해서 반드시 혼혈이 되지 않는 혼합의 유지라 해도—이렇듯 다른 것들을 종속시킬 수 있는 규범이 된다.

결국 세 유형의 논거가 있다. 현대성 계획 자체의 실현을 목표로 삼으려는 첫 번째 논거(이 점에서는 이미 존재하는 규범적인 내용을 보다 잘 활용하는 것이 문제이다), 준법주의적인 유형의 두 번째 논거, 그리고 예를 들면 다수문화가 다른 문화들에 직면하여 더 좋아진다고들 말할 때처럼, 공리적인 유형의 논거들이 개입할 수 있는 규범적인 혁신에 근거하는 세 번째 논거가 있다.

이 세 개의 홍미로운 논거들은, 상황에 따라 상당한

---

1) R. Falk, "The rights of peoples", in J. Crawford, *The rights of peoples*, Oxford, Oxford UP, 1998, p. 23.

타당성을 얻을 수 있다. 그러나 오직 첫 번째 논거는 가장 특징적이고 가장 기본적인 수준, 원칙의 수준에서 문제를 논하게 한다. 따라서 다문화주의적인 제도는 이중의 도전에 대응해야 하는 제약이라는 것을 잊지 않고 우리가 있을 곳은 바로 이 수준이다. 찰스 테일러의 경구에 따라, 전체적인 사회정의와 결속을 확보하지만 그것은 차이에 우호적이다. 그러기 위해서, 그것은 아마르티아 센이 '복수의 단일문화주의'[2]라고 부른 것에 내재한 위험을 확실하게 예방할 수 있는 기준들에 우선적으로 그리고 즉시 부합해야 한다.

1. 복수의 단일문화주의가 가지는 위험

위르겐 하버마스는 자유와 문화 사이의 유기적 결합의 원칙을 주장한 논문에서 아주 설득력 있는 논술을 제시했다.[3] 찰스 테일러와 윌 킴리카를 따라서 그는 문화적 권리는 모두를 위한 윤리적 자유의 평등보장에서부

---

2) A. Sen, *Identité et violence. L'illusion du destin*, Paris, Odile Jacob, 2007.
3) J. Habermas, *Entre naturalisme et religion. Les defis de la démocrqtie*, Ch. Bouchindhomme와 A. Dupeyrix 번역, Paris, Gallimard, 2008, p. 247 sq.

터 증명된다고 주장한다. 이 평등한 자유는 각자가 자유롭게 자신의 목표를 선택할 수 있다는 것을 전제한다. 그러므로 이 결정의 자유를 향유할 수 있도록 하기 위해서 개인은 실제적인 목적을 구분할 수 있고, 스스로에게 목표를 부여할 수 있는 것에 관련하여 폭넓은 가치론적 방향을 가져야 한다. 하버마스는 만일 개인이 각자 기호의 선택에서 그가 은폐했던 문화적 가치를 권력화에 맡길 수 있다면, 그는 실제로 윤리적 자유의 평등을 향유하지 못한다고 덧붙인다. 결국 윤리적 자유의 평등의 이용 가치는 필요한 가치들을 끌어오고, 말하자면 취득하고, 재생하고, 개혁할 수 있는 문화적 원천으로의 접근 보장에 좌우된다. 따라서 이것은 바로 문화적 권리의 증서적인 증명서이다. 문화적 권리는 자유의 수단이기 때문에 정당하다. 그렇기는 하지만 그에 따르면 이 증명서는 문화적 권리의 의미를 고갈시키지 않는다. 하버마스에게 개인은 단지 하나의 문화적 공동체의 사회적 일원으로서의 사람이 된다. 이런 실용주의 유산을 되살리는 개인화는 사회화의 형태에 속한다. 그리고 이 사회화는 하버마스가 개인 간의 교류와 의사소통에서, 상호 인정 네트워크에서, 그리고 전통에서, 개인의 지속적인 종속을 정당화시키는 인간정신의 이 문화적 구조를 주저하지 않고 말할 만큼 중요한 것이다. 그것은 개인들이 어째서 이 유형의 실제적인 상황에서만 그들 자신에 대한 이해심과 정체성 그리고 삶의 개인적인 계획을 발전시키고, 수정하고, 보존할 수 있는지를 설명한다고 그는 명확하게 말한다.

불인정이 자유와 인간존엄성의 훼손에 해당한다는 사상은 합의되어 가고 있다. 그렇기는 하지만 난관은 이 신념이 촉구하는 유형의 해결책을 밝히는 데 있다. 하버마스는 문제를 아주 잘 공식화한다. 그러나 그가 민족문화집단들이 문화적 권리의 전령으로 간주될 수 있는 결론을 그의 분석에서 끌어내지 못한 것 역시 드러날 것이다. "문화는 권리의 소유자가 되기에는 적합하지 않다. 왜냐하면 문화 그 자체는 복제의 상황에 있지 않기 때문이다. 문화는 자기의 고유한 힘으로 복제될 수 없다. 문화는 그것을 자기 것으로 삼은 대변자에 의존한다. 따라서 자기정체성 집단의 생존과 그들의 문화적 배경의 영속화는 집단권리에 의해 보장되어질 수 없다.[4] 그러므로 해결책은 주관적인 문화적 권리의 인정을 거쳐야 한다."[5]

---

4) *Ibid.*, p. 256.
5) 이 해결책은 이미 다수의 저자들이 채택한 것이다. 특히 이미 인용한 다니엘 웨인

이 해결책은 어떤 사람들에게는 언제나 불충분할 것이다. 신분정책에 그것을 고무하는 원칙이 정당화하는 가치를 부여한다는 것은 문화적 다수자가 사실상 소유하고 있는 집단권리를 소수자에게 주는 것을 전제로 한다. 각자는 자신의 문화적 정체성을 표현할 수 있는 제도상의 공간을 소유할 수 있어야만 한다. 이러한 관점에 있으면서 사람들은 정치적 공동체 내에서, 상대적인 제도상의 자치공간을 창출하는 결과를 초래하는 보다 분할된 시민권으로 나가기 위하여 문화적으로 통합된 단일 논리적 시민권의 구현을 불안정하게 한다. 이 자치권은 역사적 공동체를 위해 자결권 혹은 면제나, 면책특권에 대한, 예를 들면 가족의 권리분야에서, 진보적인 양상을 띨 수 있다.6)

이러한 관점을 강화하면서 찬드란 쿠카타이스Chandran Kukathas는 자유로운 참여를 감당할 수 있도록 하기 위해 명확한 집단들의 군도와 흡사한 사회계획안을 정당화하

스톡, Alter ego에서 실비 메쉬르, 알랭 르노. 이는 또한 파트리스 마이어-비쉬가 주장한 관점이기도 하다. 마이어-바쉬가 자신의 논설 "Droits culturels"에서 제시한 이 문제의 총론을 참조하시오.

S. Mesure & P. Savidan(dir.), *Dictionnaire des sciences humaines*, Paris, PUF, 2006, pp. 302~304.

6) J. Spinner-Halev, *Surviving Diversity: Religion and Democratic Citizenship*, Baltimore, Johns Hopkins University Press, 2000.

려고 노력했다. 매우 자유주의적인 이 국가관에 따르면 결사의 자유권 수호는 오로지 국가의 의무이다.[7] 이 유형의 입장은 모든 개인은 어디서나 다수집단일 권리가 있다는 것을, 그리고 신랄하게 비꼬는 말로 '무정부적 다문화주의'라고 불리는 것의 관점에서 비록 그것이 우리로 하여금 관용을 용인하지 못하는 사람들까지 모든 사람들을 용인하도록 한다 해도, 우리가 그것을 받아들여야 한다는 것을 인정하고 시작한다.

그렇지만 이 관점이 우리를 매우 역설적인 상황에 처하게 한다는 것을 인정할 수밖에 없다. 이는 전혀 존재할 수 없는 사회가 정치적이고 도덕적인 이 자유주의의 이름으로 전개될 수 있다는 것을 받아들이면서, 이것은 자유주의적인 국가를 추진하는 문제가 된다.

우리는 이처럼 다문화주의가 아닌, 그러나 '다공동체주의' 혹은 아마르티아 센Amartya Sen의 말을 빌리면 '복수의 단일문화주의' 형태가 출현하는 것을 보게 될 것이다. 복수의 단일문화주의가 기본적인 자유와 권리를 존중하라는 절대적이고 다방면의 요구를 내세우는 것은 불가능할 것이다.

---

7) Ch. Kukathas, *The Liberal Archipelago: A Theory of Diversity and Freedom*, Oxford, Oxford University Presse, 2003.

한편 이 입장은 여러 다른 난제들을 야기한다. 우선 이 입장은 결국 우리가 불가능하다고 여겼던 국가의 중립 요구를 과격하게 재시행하는 것이 된다. 한편 자유주의자에게 비자유주의적인 관습까지도 존중하게 하는 의무는 윤리적인 면에서 중립성의 그 어떤 구현과도 비교될 수 없다고 간주될 수 있을지도 모른다.

이 입장은, 만일 다문화주의가 다양성을 억압하거나 제한하기보다는 조정할 책임을 진다면, 찬드란 쿠카타이스가 자신의 논리적 귀결점의 표상이 자신이 묘사한 진정 자유로운 군도라고 강조할 때, 그가 더구나 기꺼이 인정한 명백한 실질적인 문제를 곧바로 제기한다. 설사 어떤 현실 체제도 이러한 형태의 사회를 실현할 (유지하는 것을 말하지 않고) 역량을 준비하거나 혹은 갖지 못하더라도, 그에 따르면 그 방식의 이점은 이처럼 그것을 보여주는 것이리라. 달리 말하면 만일 이러한 이론적인 구상이 유익하다면, 이는 그것이 가능한 발자취를 묘사하기 때문이 아니라, 그것이 다문화적 군도에 이르는 길에서 모든 정류장은 "어떤 상황에서는 실질적이고 정치적인 중요한 의미를 갖지만, 다문화주의적인 관점에서는 고유한 이론적 보장이 없는 고유한 문화적 가치관의 영향을 반영한다는 것"[8]을 이해할 수 있도록 하기 때문이다. 어떤 면에서는 국가의 중립 불가능성에 대한 확인된 사실은 다른 것을 의미하지 않는다. 이처럼 해석된 찬드란 쿠카타이스의 논문은 따라서 다문화주의에 대한 성찰의 실패원인으로 우리로 하여금 바로 되돌아가게 한다. 스스로 청원한 권리와 예외 그리고 특권이 인정된 소수집단을 어떻게 동일시하겠는가? 만일 우리가 어떤 기준도 없고, 지배적인 것이 사회주도권의 순수한 원칙이라면, 그것은 국민이 가진 어떤 분야의 권리에 대한 소송제기처럼 잠재적으로 사회붕괴를 초래할 수 있다.

이러한 관점에서 문화적 정체성에 한정된 원칙의 이유가 더 이상 존재하지 않는다는 사실을 법적으로 인정하게 해야 한다. 사회화 범위의 개념을 통해서 게오르그 짐멜Georg Simmel은 개인적인 정체성의 형성을 결정짓는 요인의 다양성을 강조했다. 그것은 모든 가능한 집단들(종속, 성, 종교, 사회·경제, 핸디캡 등)에 대해 쿠카타이스가 고려한 논리를 확장해야 한다는 것을 의미하는가?

비록 이 난제들이 극복될 수 있다는 것을 가정한다 하더라도, 이 입장은 개인적 자유의 차원에서 아주 결정적인 문제를 야기하므로, 그것을 무효로 하기에 충분하다

---

8) Ch. Kukathas, "Theoretical foundations of multiculturalism", in http://economics. gmu.edu/pboettke/workshop/fall04/thoretical_foundations.pdf(p. 21.)

는 것은 틀림없다. 만일 사람들이 스스로 부과한 윤리적 속박을 받아들인다면, 이 모델은 어떤 분야의 개인적 권리에 대한 침해방지를 허용하고 있는 합법적인 수단을 포기하는 것이다.

2. 자유 다문화주의를 위하여

윌 킴리카, 찰스 테일러, 다니엘 웨인스톡Daniel Weinstock 혹은 보다 최근의 위르겐 하버마스와 같은 저작자들이 개인의 자유를 보호하는 차원에서 확실한 다원론적 입장을 완성하려고 노력한 것은 바로 근본적인 이 문제를 해결해보기 위해서이다.

이 관점에서 종종 개인의 보호를 위해 그가 소속된 집단이 독특하게 그에 반대할 수 있는 권리를 가질 수 있다는 것을 막는 것만으로 충분하다는 개념을 주장하는 사적 권리와 집단적 권리의 구별이 논증의 주축이 되었다. 그러나 이 해결책은 문제를 해결하지 못하는 것보다 더 교묘히 문제를 회피한다. 결국 우리는 사적 권리의 수준을 초월할 수 없으며, 그렇다고 해서 개인적 자유의 잠재적인 침해문제를 제거할 수도 없다. 문제는 다음의 조건에서 제기된다. 개인의 문화적 권리에 진정한 실효성을 부여한다면, 그것은 어떤 개인적 권리를 불가피하게 제한하는 결과를 초래할 것이다. 또한, 원칙을 존중하기 위해 모든 개인적 권리에 유리하게 내린다면, 그것은 문화적 권리의 유효성을 모두 제거하는 결과를 초래할 것이다. 예를 들어 국민 전체에 하나의 언어를 공용하도록 강제하는 조치에 대해서 생각해보자. 찰스 테일러는 어떤 자산(예를 들면 문화)의 본성은 그것을 공동으로 연구할 필요가 있다고 환기시키며 아주 명쾌하게 문제를 제기했다. 한편 그런 이유로 공공정책이 문제시 될 수 있다는 것은 당연하다고 덧붙인다. 따라서 그는 프랑스어가 프랑스어를 사용하는 퀘벡 사람들에게 환경과 마찬가지로 단지 보호해야 할 자원으로만 간주될 수 없다는 것을 강조한다. 그에게 이러한 시각은 문화적 존속의 목표가 전적으로 내포하는 것을 절대적으로 고려하지 않는다. 자원으로의 접근을 유지하는 것이 문제가 아니라, 프랑스어를 말하는 사람들처럼 미래의 세대가 지속적으로 일체가 되게 하는 것이 문제이다.

이러한 목표를 오직 개인의 문화적 권리의 근간으로 삼아야 한다고 주장하는 것은 문제에서 벗어난 것이다. 왜냐하면, 이 방식이 유효하기 위해서는 그것이 공공정책에서 반드시 구현되어야 하기 때문이다. 달리 말하면, 그것이 집단적이어야 한다는 것이다. 그리고 이 방식이 집단적이기 위해서는 그것이 개인적 권리와 근본적으로 구별될 집단적 권리의 존재를 전제로 한다고 생각할 필요는 없다. 이를 고려하는 것은 개인과 집단의 너무 뚜렷한 대립을 기대하는 것이다.[9] 민주주의적 시각에서 문화적 집단권리는 문화적 개인권리의 집합적 산물로 생각될 수 있다. 한편 하버마스는 그가 "집단권리는 그 자체로 의심스럽지 않다."고 쓸 때, 그것을 직접적으로 인정했다. "예를 들면 민주주의 체제가 시, 지방, 준공공 기관들에 부여한 권리는 일반적으로 간과된다. 왜냐하면 이러한 권한이양은 시민들의 기본권에 의거하기 때문이다."[10] 동일집단에 자신의 존재를 뚜렷이 나타낼 수 있게 하는 권리는 사정이 다르다고 생각할 이유는 선험적으로 없다. 또한 이 권리에 대해서 그것은 기본적인 시민권에 의거하기 때문에, 그것은 그 자체로 의심스럽

---

9) 윌 킴리카는 그의 몇몇 진술을 통해서 이 대립의 강조에 동참할 수 있었다. 인용한 다음 책을 보시오.

    W. Kymlicka, *La citoyenneté multiculturelle*(1995), trad. P. Savidan, Paris, La Découverte, 2001, p. 14.

10) J. Habermas, *Entre naturalisme et religion. Les defis de la démocrqtie*, Ch. Bouchindhomme, p. 250.

지 않다고 할 수 있다.

그럼에도 다원주의의 사실과 모든 개인에게 정당한 평등존중의 요구를 법적으로 인정하지만, 아무튼 이 관점에 놓여 있는 문제가 남아 있다. 만일 개인 대다수가 문화적 특질(예를 들면 언어)의 존속을 확보하려는 대책을 세우기로 결심한다면, 그들은 이 대다수에 속하는 사람들 각자의 주관적 권리에서부터 그것을 간단하게 할 수 있다. 아무튼 그들이 하게 될 결정은 곧이어 사회 전체에 적용될 일이 남아 있다. 달리 말하면, 민주주의 이론가들의 대부분이 그것을 잘 이해했듯이, 소수자의 신분과 권리는 이해하고 보호하기 어려운 것이다. 개인적 권리와 집단적 권리 사이의 명백한 대립에 대한 해결책을 만들기보다는 아무리 중립성이 존재할 수 있다는 것이 바람직해도, 만일 완벽한 중립성이 불가능하다고 인정된다면, 다문화주의적인 자유사회의 시민들에게 영향을 미치는 유일한 요구는 소수집단의 구성원들에게 중립성 왜곡이 견디기에 덜 해롭고, 덜 힘들도록 하는 것이라고 이해하는 것이 차라리 적당할 수 있을 것 같다.

그것은 당연하지 않고, 언급될 수 있는 것은 최소한이다. 콴 안토니 아피아는 난점을 아주 잘 표현했다. 전통의 역할과 상황 그리고 사회적 맥락을 통합하는 정체성의 개념을 근거로 삼으면서, 아피아는 정체성을 갖기 위한 세 가지 보완적인 조건을 지적한다. 그가 말하기를, "우선 정체성을 나타내기 위한 말이 있어야 하고, 충분한 수의 개인들이 그것을 내부에서 실현시켜야 하고, 그것을 그들의 것으로 생각해야 하고, 끝으로 그것이 존재 방식에 부합해야 한다. 이렇게 형성된 정체성은 가치관의 근거가 될 수 있고, 연대 형식을 만들어 낼 수 있다".11) 그에 따르면 정부가 이 문화들을 보호하려는 정책을 시행할 때 문제가 발생한다. 외부의 영향으로부터 스스로를 지키기 위해 자기정체성의 집단이 시도하는 노력이 내부에서 집단을 균질화하기 위해 유사한 노력을 수반할 때 위험은 크다. 집단들 사이에 다양성을 보호하는 것은 이 집단들 각각에서 균질화의 능동적인 유지에 종종 기여한다.12) 이것은 편향적으로 '다양한 단일문화주의' 문제로 우리를 돌아오게 하는 결과를 초래한다.

이 점은 집단이 집단 내에서 어떤 계층의 개인적 권리를 무시하는 계급적 구조의 유지를 원한다면 더욱 더 문제가 있다. 그래서 내부의 논쟁, 더욱이 분열은 이 논쟁

---

11) K. A. Appiah, *The Ethics of Identity*, Princeton, Princeton University Press, 2005, p. 24.

12) *Ibid.*, p. 151.

과 분열이 외부의 압박에 직면하여 집단을 약화시킨다는 의미에서 집단의 정체성 논쟁과 그에 대한 위협으로 느껴질 수 있다.

한편, 당혹스러운 역설을 인정해야 한다. 차별정책의 개념이 제기하는 난제들 중의 하나는 우리가 소수자들을 명확히 동일시해야 하고, 그들의 한계를 찾아내야 하는 능력과 관계가 있을 것이다. 권리가 작동될 수 있게 하기 위해서는 단지 인구통계학적일지라도 집단이 비교적 잘 확정되어야 한다. 그런데 가장 편하게 동화정책의 혜택을 입을 수 있는 집단이라 해도, 가장 쉽게 확인될 수 있는 집단은 바로 경계에 잔구멍이 가장 적은 집단이다. 말하자면 내부의 동질화를 가장 멀리 추진하고, 따라서 가장 견고하고, 가장 분쟁을 겪지 않는 집단이다. 요컨대 그들 내부에서 최대한도로 생각할 수 있고, 실현성이 있는 생활방식과 사고방식을 제한하려고 노력한다는 의미에서 사실상 가장 자유주의적이지 못한 경향이 있는 집단이다.

반자유주의적인 집단이 전체적으로 사회가 조직되는 것을 기초로 아주 상세하게 규범을 보호하려고 하는 한, 자유민주주의 사회에서 이 문제는 아주 강렬하다.

다문화주의의 자유주의 이론은 바로 이 차원에서 가

장 큰 난제를 만난다. 예를 들면, 여성들(혹은 다른 모든 종류의 사람들)을 종속상태에 둘 수 있게 하는 것을 당연한 목적으로 삼는 특정권리와 면책을 갖기 원하는 문화적 소수집단에 대해 어떤 태도를 취해야 하는가?

이 문제는 아주 숱한 문학을 낳았다. 만일 자유주의적 다문화주의가 이 문제에 타당성 있는 답을 줄 수 있었다면, 자유주의적 다문화주의는 결국 정당한 것으로 인정받을 수 있다는 것은 명백해졌다. 그래서 자유주의적 다문화주의는 최고의 페미니스트들이 매우 활기차고 날카롭게 제기했던 비판들에 대답해야만 했다.[13] 그녀들 중 한 명인 수잔 몰러 오킨Susan Moller Okin은 더욱 가부장적인 소수집단문화의 경우에 있어서는 한 문화의 여성 구성원들이 문화의 보호에 투철한 관심을 가지고 있음을 보여주지만, 어떤 논거도 자존 혹은 자유를 근거로 삼을 수 없다는 것을 주장하기까지 했다. 만일 그녀들이 태어난 문화가 혹시 소멸되거나(그 구성원들은 주위의 덜 여성차별주의적인 문화에 잘 동화되기 때문에), 더구

---

13) 이 점에 대해서는 다음의 권위 있는 저작들을 참조하시오.

S. M. Okin, "Le multiculturalisme nuit–il aux femmes?", *Raison publique*, no. 9, octobre, 2008; M. Nussbaum, *Sex and Social Justice*, Oxford, Oxford University Press, 1999; A. Shachar, *Multicultural Jurisdictions*, Cambridge, Cambridge University Press, 2001.

나 여성평등을 확대하기 위해 변화하도록 장려된다면, 결국 그녀들은 개선된 신분을 분명히 경험할 수 있을 것이라.14) 가장 급진적인 그녀의 진술에서 이 평가는 두 유형의 정체성 요구 사이에서 정면 경쟁방식이라는 원칙을 세운다.

실제 상황의 다양성에 매우 주의를 기울였지만, 아마도 다문화주의의 이 문제에 대한 가장 완벽하고 가장 체계적인 연구를 공들여했던 이론가인 윌 킴리카는 이 문제를 풀려고 시도했다.

그의 관점은 결정적인 두 주장에 의해서 뚜렷하게 나타난다. 첫 번째 주장은 문화적인 소속은 혈연과 민족에 관한 문제가 아니라 선택에 관한 문제라는 것을 제시한다. 이처럼 그가 민족문화의 정의에 대해서 말할 때, 거기에서 그 어떤 형태의 인종주의도 생각하지 않는 것이 중요하다. 두 번째로 킴리카는 고려해야 할 문화적 요구의 종류가 무엇이든 간에 민족문화집단들 내부에서의 정의는 민족문화집단들 사이의 정의만큼 중요하다는 것을 전제조건으로 제시한다.15)

---

14) S. M. Okin, *op. cit.*, p. 25. 이 문제에 대한 보다 특수한 법률적인 취급은 세바스티안 폴터Sebastian Poulter의 다음 저서를 참조하시오.

Sebastian Poulter, *Ethnicity, Law and Human Rights: The English Experience*, Oxford, Oxford University Press, 1998.

이 자유주의적인 참여는 그에게 반자유주의적인 소수집단 문제에 적절한 해결책을 명시해 준다. 그는 그것에 전념하기 전에 우선 문제가 실제로 그렇게까지는 발생하지는 않는다는 것을 강조한다. 서방사회에서 소수집단들은 일반적으로 다수집단보다 덜 자유주의적이지는 않으며, 게다가 자유주의적인 사회들은 그들이 표방하는 원칙의 관점에서 그 자체로 매우 불완전하다는 것을 또한 잊지 않아야 할 것이다. 이처럼 우리는 가장 자유주의적인 사회들이 어떤 차원에서는 여전히 너무나 가부장적이라는 것을 알고 있으며, 어떤 소수집단의 반자유주의적인 행위를 고발하는 것이 자기 자신의 만성적인 반자유주의를 때로는 쉽게 외면하게 한다는 것을 알고 있다. 그런데 자주 차이는 만일 그것이 존재한다면, 본성보다는 신분에 속한다.

사실에 근거를 둔 이 진단이 그렇다고 해서 근본적인 해결책의 부재를 정당화할 수 없다. 반대로 그것은 해결책의 시급한 필요성을 확인한다. 킴리카는 그것을 전적으로 자각한다. 따라서 소수집단의 권리에 대한 그의 이론은 사람들이 이 난점들을 극복할 수 있는 환경을 제공

---

15) W. Kymlicka, "Liberal complacencies", in S. M. Okin, *Is Multiculturalism Bad for Women?*, Princeton, Princeton University Press, 1999, p. 31.

하는 것에 목표를 둔다. 그것은 첫째로 가능성이 있는 다양한 상황들의 특수성을 고려하는 것을 목표로 하는 매우 중요한 구별의 확립을 거친다.

첫 번째 논점. 킴리카는 우선 문화적인 문제의 관점에서 정부들과 소수집단들의 여러 가지 유형구별을 제안한다. 한편으로 다민족적인 정부들, 말하자면 과거에는 자주적이고 영토적으로 집중되어 있는 문화적 집단들이 그들 내부에 존재함으로써 문화적 다양성이 형성된 정부들이 있다. 이 집단들은 민족적 소수집단이라고 불리는 것이다. 다른 한편으로 복합인종정부들이 있다. 이 경우에 문화적 다양성은 개인 그리고 가족이주로부터 유래한다. 문화집단은 여기에서 인습적으로 민족적 집단방식을 의미한다.

윌 킴리카에게 국가적 소수집단과 민족집단은 같은 유형의 요구를 하지 않는다는 것은 분명하다. 그가 제시한 자유주의 이론은 집단들의 요구에 이 이론이 제시한 해답에서 이 기본적인 차이를 고려한다. 어떤 권리는 민족적 소수집단에 인정될 수 있을 것이고, 이주에서 생겨난 집단들에게는 그것을 인정하는 것이 합법적이지 않다고 판단될 수 있을 것이다. 이 첫 번째 차이는 한 문화집단에서 나온 모든 요구가 본질적으로 합법적이지 않고, 국가적 소수집단의 요구는 민족적 소수집단이 표명한 요구보다 더 큰 중요하다는 것을 강조할 수 있게 한다.

두 번째 논점. 킴리카에 의하면 두 유형의 문화적 권리가 가능하다. 첫째는 집단을 위해 구성원들을 구속할 가능성을 대상으로 하는 내부의 제한 조치이다. 둘째는 집단을 위해 외부의 탄원(정치적, 문화적 혹은 경제적)으로 내려진 결정과 관련된 효력으로부터 스스로를 보호할 가능성을 대상으로 하는 외부의 보호 조치이다.

기본적인 자유와 권리를 존중하는 소수집단의 권리에 대한 이론을 가능하게 하는 것은 정확하게 이 두 번째 변별점이다. 킴리카에게 자유주의형 입헌제는 분화된 권리의 두 번째 유형에 장애가 되지 않는다. 그 대신에 이런 체제는 개인 자신의 소속집단 법을 본의 아니게 감내하는 것을 승인할 수 없다. 만일 그가 그것을 원한다면, 그는 그것을 피할 수 있어야 한다. 예를 들어 우리가 선에 대한 우리의 계승된 관념을 개인적으로 평가하고 개정할 능력과 권리를 가지고 있다고 생각하는 것, 우리가 국내 소수집단의 언어배우기를 거부할 권리를 가지고 있다고 생각하는 것, 우리가 특정 종교의례를 거부할 권리를 가지고 있다고 생각하는 것이다.

이 논거는 자유주의적 관용의 한계에 관한 문제의 해결시도와 관련이 있다. 비록 몇몇 소수집단들이 개인적 자율권 훼손을 자기들의 문화요소로 제정한다 해도, 정치적 자유주의는 그것을 허용할 수는 없다. 이처럼 킴리카의 관점에서 주체의 자율권 제한을 목표로 하는 모든 문화적 요구는 그가 제안한 소수집단의 권리에 대한 자유주의 이론과는 양립할 수 없다고 판단된다.

이 주장은 강한 이견에 직면한다. 자율의 가치인정을 거부하는 소수집단에 대해 어떤 자세를 취해야 하는가? 자유주의 제도는 그 원칙을 국내 소수집단에게 준수하도록 하는가? 높은 수준의 자율권을 소유한 소수집단이 기본적인 자유와 권리를 전적으로 존중하지 않으려는 경향이 있거나, 혹은 그러한 관점에서 명시적으로 상당한 면제를 받기 원할 때 문제는 까다롭다.

이 점에 대해서 윌 킴리카는 어떤 의미로 롤스가 했던 것보다 더 분명하게 문제를 제기한다. 사실 롤스는 입헌민주주의는 어떤 집단이 자율원칙의 수용을 원하지 않을 수 있다는 사실을 법적으로 인정해야 한다는 것을 오히려 중시하는 경향이 있었다. 그것을 허용하지 않는 것은 그에게 도덕적 학설로서 그의 공적을 보호하는 포괄적 자유주의를 전복시키는 것이 될 것이다. 이는 결국 다원주의의 사실을 고려하지 않는 것이 될 것이다.16) 그렇지만 정치적 자유주의의 기초가 되는 의견일치에 의한 합의라는 강점을 가진 정치적 자유주의가 개인적 권리를 보호한다는 것을 롤스 역시 중시한다고 인정해야만 한다.

보다 자세히 살펴보면, 롤스가 한편으로는 이 사상이 상대적으로 정의로운 민주주의 사회에서 서로 대립하고, 영향력 있는 모든 도덕적 학설에 의해서 지지될 가능성이 있다고 생각하기 때문에 그것은 가능하다고 인정된다.17) 아마도 현실은 그렇게 단순하지 않다. 반자유주의적인 소수집단들이 존재하고 있으며,18) 그들을 구속하는 자유주의는 그들이 그것에 순응하도록 하기 위해서 정치적이고 관대하지 않다고 말하는 것만으로는 충분하지 않다. 그런데 킴리카에게 소수집단의 권리에 대한 자유주의 이론은 개인의 자율에 기초한 이론이며, 구성원들의 시민권을 제한하는 집단에 특수한 모든 형태의 권리는 결과적으로 자유와 평등이라는 자유주의

---

16) J. Rawls, *Justice et democratie*, trad. C. Audard et al., Paris, Le Seuil, 1993, pp. 234~236.

17) *Ibid.*, p. 235.

18) W. Kymlicka, "Liberal complacencies", *op. cit.*, p. 233.

원칙과 대립한다.[19]

킴리카를 주목하는 것은 중요하다. 그는 이 주장에 아주 큰 영향을 준다. 수잔 몰러 오킨은 여성의 종속관계가 많은 경우에 비공식적이고 개인적이라는 사실을 비난했다. 그리고 가부장적인 문화의 결과로부터 여성을 보호하기 위해 개인적 자유에 대한 공식적인 존중을 요구하는 것만으로는 결과적으로 충분하지 않다는 사실을 충분히 고려하지 않은 것에 대해서 그를 비난했다.[20] 회답으로서 킴리카는 소수집단의 권리에 대한 자신의 이론을 발전시키면서 자신의 의도는 전적으로 공식적이고 준법주의적인 의미에서 개인의 자유를 해석해야 함을 제시하는 것이 아니었다고 강조한다. "나는 오킨이 문제 삼은 가정형의 학대가 자유주의자들이 싸워야 하는 내부 제한형의 계열적 예를 구성한다고 생각한다."[21]고 그는 명확하게 밝힌다.

사실 킴리카는 논쟁의 핵심을 바꾼다. 만일 문제가 문화적 소수집단에게 어떤 유형의 권리를 허용하는 것이 정당한가라면, 그의 답은 자유주의 관점에서 나무랄 데

---

19) *Ibid.*, p. 234.
20) S. M. Okin, *op. cit.*, p. 25.
21) W. Kymlicka, "Liberal complacencies", *op. cit.*, p. 32.

없고, 가장 취약한 주민계층을 위한 확실한 보장이다. 반면 만일 문제가 국내 소수집단들이 소유한 자치권의 결과가 무엇인가라면, 그의 대답은 다를 수 있다. 사실 킴리카는 국내 소수집단들의 관계를 거의 전형적인 국제관계로 생각했다. 그러므로 그것은 어느 정도까지는 간섭권의 정당성에 관한 질문에서부터 문제를 생각해야 한다는 것이다.22) 이 점에 대해서 그는 오늘날의 자유주의자들이 외국에 자유주의 원칙을 강요하려는 생각을 더욱 주저하지만, 국내의 소수집단에게는 그것을 강요하려는 경향을 강하게 보여준다고 쓰고 있다. 나는 바로 거기에 모순이 있는 것 같다.23) 그의 신념은 한편으로는 자유주의가 전파될 수 있기 위해서는 아주 특별한 상황이 정말 필요하다는 것이고, 다른 한편으로는 외부의 자유화를 강요하려하기보다는 내부의 자유화를 기대하는 것이 온당하다는 것이다. 아프리카에서 수많은 과거의 식민지들이 겪고 있는 위급한 상황은 자유주의 제도가

---

22) 이 점에 대해서 다음 책을 보시오.

　　G. M. Lyons et M. Mastanduno(eds.), *Beyond Westphalia? State Sovereignty and International Intervention*, Baltimore, Johns Hopskins University Press, 1955.

23) W. Kymlicka, *La citoyenneté multiculturelle*, trad. P. Savidan, Paris, La Découverte, 2001(1995), p. 237.

내부의 정치적 개혁이라기보다는 차라리 외부의 강요의 결과이기 때문에 자유주의 제도는 더욱 더 불안정하고 허술하다는 것을 보여준다.[24]

그것은 입헌자유체제는 아무런 영향을 끼치지 않아야 한다는 것을 의미하지 않는다. 그러나 입헌자유체제는 단지 국가들이 소유하고 있는 자결권의 존중 내에서 영향을 끼칠 수 있다는 것을 의미한다. 자치권을 행사할 수 있는 분명한 정치공동체를 조직한 국내의 소수집단만큼 외국도 있다.

개인권의 명백하고 조직적인 침해의 경우, 킴리카는 그것의 허용을 꺼리지 않는다. 어떤 간섭은 정당할 것이다. 다문화주의의 국제화에 관한 그의 이후 저작은 이 관점을 공고히 할 것이다. 아무튼, 언제나 상황을 매우 주의 깊게 관찰해야 한다는 것에는 변함이 없다. 양심의 자유를 제한하는 인디언 부족의 경우, 어떤 간섭은 대중의 지지를 잃고 개인들이 공동체를 떠나는 것을 금지하는 독재적 압제자에 의해서 이 부족이 통치되는가에 따라서, 혹은 부족의 정부가 확고한 합의에 근거하고 이교파가 자유롭게 공동체를 떠날 수 있는가에 따라서 많든

---

24) *Ibid.*, p. 237.

적든 합법적이라고 그는 쓰고 있다.25) 이 이탈권26)은 전적으로 결정적이며 반자유주의적인 소수집단에 대한 뛰어난 압제 수단이다. 어쨌든 그것은 개인적인 권리와 공공의 권리 사이의 대립이 그저 악화시키는 경향이 있었던 문제가 해결될 수 있는 범위를 한정하는 데 기여한다. 이민에 의한 소수집단으로 말하자면, 이 관계에서 문제는 발생하지 않는다. 킴리카에게 자유주의 정부가 소수집단들에게서 그들이 정치적 자유주의의 근본원칙을 준수하기를 기대할 수 있다는 것은 정당하다. 하여튼 이민의 결정은 근본원칙의 수락에 상당한다.27)

이 불충분한 개입주의는 당연히 비판될 수 있다. 그래도 예를 들어 유럽에서 민주화와 개인화의 과정에 존재했던 것을 잊지 말아야만 한다. 서구사회는 오랫동안 어떤 계층의 구성원들에 대해서 불관용의 전통을 발전시켜왔다. 그리고 이 역사는 이따금 그들에게 스스로를 꼭 상기시킨다.28) 만일 그 후 실현된 진보가 확실히 희망을

---

25) *Ibid.*, p. 241.

26) D. Weinstock, "Beyond exit rights : Reframing the debate", in A. Eisenberg, J. Spinner-Halev, *Minorities within Minorities. Equality, Rights, Diversity*, Cambridge, Cambridge University Press, 2005, p. 227.

27) 그것이 바로 문제 제기를 똑같이 해야 하는 명제이다. 그럼에도 불구하고 우리는 그것을 여기에서 할 수 없다. 왜냐하면 그로 인해 논의가 너무 확대될 수 있기 때문이다.

갖는 이유라면, 이 역사는 또한 우리를 어느 정도 신중하고 적당히 겸손하게 할 것이다. 그렇다고 본다면, 월킴리카의 입장은 매우 균형이 잡혀 있다. 이 입장은 국내 소수집단의 지위를 너무 쉽게 인정하고, 이 소수집단이 언제나 정치적 자유주의에 반대한다고 판단하려는 사람들에게 사실 무엇보다도 극단적인 것처럼 보인다. 그런데 모든 소수집단은 이 지위에 속하지 않으며, 또 한편으로는 이 지위의 기초를 이루는 유형의 자치권을 동경하지도 않는다.

결국 자유민주주의 사회에서 다문화주의 정책은 소수파의 신분을 위해 그들의 사회적 권위에 해당하는 공적 영역에 위치와 시야를 만들어주고, 사회적 멸시의 표식으로 체험된 태도와 표현을 오로지 제거하는 것만을 목표로 한다.[29]

우리는 입헌적이고 자유주의적인 체제가 설사 가능한 한의 절차라고 해도, 일정한 문화콘텐츠의 전달과 촉진을 그만둘 수 없다는 것을 알았다. 사회의 재생산에 필

---

28) J. Raz, "How perfect should one be? And whose culture is?", in S. M. Okin, *Is Multiculturalism Bad for Women?*, Princeton, Princeton University Press, 1999, p. 96.

29) E. Renault, *Le mépris social, Ethique et politique de la reconnaissance*, Paris, Ed. du Passant, 2000.

요하다고 할 수 있는 것 이상이지만, 이 체제는 독단적이지 않게 이 임무에 전념할 수 있고, 이 과정을 오직 기능적일 관계로 여기는 것에 익숙해질 수 있다.

이러한 경로에 진입하면서 프랑스사회는 스스로의 몇몇 정체(停滯)에 대해 자문할 수 있을 것이다. 예를 들면 학교 내에서 종교적 소속이 드러나는 상징물과 복장의 착용을 금지하는 것에 대한 법제화 결정이 외국에는 사실상 반자유주의적인 수단으로 보일 수 있었다는 이유를 이 기회에 물을 수 있을 것이다. 영국의 사회학자 앤서니 기든스는 조직적인 금지는 그것이 반대하려는 근본주의에 반응을 불러일으킨다는 것을 마침내 확인하기에 이르렀다. 프랑스에서 금지에 대해 호의적으로 내세워진 논거들은 무엇보다도 비종교성 원칙을 설명하는 다양한 방식에 근거를 두고 있었다. 반박논거들은 교회의 이름으로 공적 영역과 정부의 불가피한 중립이 재확인되기를 원했던 것에 따라서 달리 공식화되었다. 이번에는 자유주의의 이름으로 여성의 자율성 촉진 필요성을 내세우며 부분적으로 완벽주의적인 하나의 접근이 받아들여졌다(여성들에게 상징적인 지배 형태를 면하게 하면서). 또는 결국 레지 드브레처럼 "비종교성이 하나의 문화가 되어야 하느냐 혹은 그것이 존재하지 않을 것이냐."[30]

고 선언하며, 문화적으로 비종교성에 확고한 콘텐츠가
주어졌다. 아무튼 공화국의 비종교성 원칙에 대한 공식
화는 히잡에 집중하여 논쟁을 할 때 인정거부의 논리를
승인하는 정도에 따라서 명백히 배제의 효과가 있다는
것은 틀림없다.[31]

중립화의 논리는 어느 정도 탄력적으로 다루어져야
한다는 것을 우리는 알고 있다. 바로 최고의 이상적인
조정자가 정확하게 그 조정분야에서 오늘날 여전히 등
한시하는 정체성에 대한 인정을 확대할 수 있다. 조엘
노망이 '비종교성의 문화화'[32]라고 명명한 비종교성 원
칙에 중요한 문화콘텐츠를 제공하는 논거는 바로 이 문
화화가 취한 형태 때문에 견고하지 못하다. 자유에 근거
한 논거로 말하자면 그것은 문화의 개념에 대해서는 중
대한 잘못을 드러낸다. 문화 안에서 서로를 인정하는 개
인들이 그 관계 때문에 비난받지 않을 때, 상황에 보다

---

30) R. Debray, *Ce que le voile nous voile. La République et le sacré*, Paris, Gallimard, 2004.

31) S. Heine, "La dimension communautarienne du républicanisme français: l'affaire du foulard islamique comme réactivation d'un imaginaire national", *Raison publique*, no. 9, octobre 2008, pp. 59~85.

32) J. Roman, "Pourquoi la laïcité?(왜 비종교성인가?)", in N. Guénif-Souilamas (dir.), *La Pépublique mise à nu par son immigration*, Paris, La Fabrique, 2006, pp. 62~80.

민감한 접근은 문화가 스스로에게 닫혀 있고, 명확하게
규정되고, 구성원들을 가두는 그 정체된 실체적 존재가
아니라는 것을 쉽게 보여준다. 개인의 개인적 신분은 이
문화관이 개인을 상정하는 것보다 물론 복잡하다. 하나
의 문화는 역시 복잡한 다른 문화들과의 상호작용의 다
양한 역사적 과정의 산물이라는 것과 문화는 그 내부의
특유한 분쟁들에 의해서 성장한다는 것을 건설적인 관
점을 취하면서 인정해야 한다.33) 베일 착용의 금지가 이
슬람 여성들의 해방에 기여할 것이라고 말하는 완벽주
의의 시각은 여성들이 하나로 통제되는 집단처럼 이해
되는 이 문화의 포로라는 생각을 결국 믿게 하는 것과
같다. 여성들이 분쟁과 사회적인 멸시에 의해서 약해졌
을 때, 문화는 사물화되고, 꺾이지 않고, 무감각하고, 게
다가 모든 규범적인 평가를 따르지 않는 그 권력이 아니
다. 만일 여성들의 권리에 대한 근본적인 문제를 고려한
다면, 문화적 소수집단의 관습은 그것이 여성들을 무시
한다고 판단되면 당연히 비판될 수 있을 것이고, 지배적
인 문화와 사회 전체 내에서 여성의 자유와 권리를 침해

---

33) J.-L. Amselle, *Branchement. Antropologie de l'universalité des cultures*, Paris, Flammarion 2001; S. Song, *Justice, Gender, and the politics of Multiculturalism*, Cambridge, Cambridge University Press, 2007, p. 5.

하는 모든 것을 고발할 때 한편으로 보면 동일한 효력이 나타나기 때문에 비판은 더욱 더 쉽게 이루어질 수 있을 것이다. 그러나 회교도 여성이 비판적인 이 일을 할 수 없으며, 그들의 운명은 오직 사회 전체의 선의에 달려 있다고 생각하지 말아야 한다. 천주교 신자의 신앙에 개입할 권리가 있다는 것과 마찬가지로 국가를 위해 자유와 문화 중에서 선택하도록 회교도 여성을 독촉하는 것은 정당하지 않다고 보는 것 또한 필요하다. 우리는 이 여성들이 그들의 신분을 포기하지 않고, 충분하게 그들의 자유를 누릴 수 있기만을 바란다고 생각할 수 있다. 바로 안 필립이 썼던 것처럼 우리는 문화의 통합과 연대뿐만 아니라, 가치관 갈등의 환원 불가능성도 너무 자주 과장한다. "중대한 문화적 충돌이 일어나는 영역이 존재함에도 불구하고, 대부분은 원칙과 윤리적 규범의 관계에서 심오한 다양성을 전제하지 않고, 다수는 문화적 집단 내부에서 일어나는 논쟁들과 비슷하다."[34] 그것을 허용하는 것 또한 자주의 주체로서 여성의 신분을 인정하는 것이다. 그것은 개입을 삼가야 한다는 것과 언제나 현실을 무시하고 판단해야 한다는 것을 의미하지 않는

---

34) A. Phillips, *Multiculturalism without Culture*, Princeton, Princeton University Press, 2007, p. 8.

다. 그렇기 때문에 베일의 착용문제는 프랑스와 터키에서 결코 같은 사항이 아니다. 그러나 너무나 평범한 온정주의적인 접근은 경계해야 한다.

프랑스에서 베일의 착용에 관한 논쟁은 과도하게 확대됐다. 사람들은 개인적 자유의 관점에서 진정한 문제를 제기하지 못하는 관행에 몰두하면서, 명백하게 그것이 아닌 것들을 곧바로 비판하기 위한 신뢰성 있는 수단을 역시 포기한다(가정 내 폭력, 할례 등). 사람들은 또한 그들의 문화집단 내부에서 여성을 불안정한 상황에 처하게 하는 문화적 권리와 몇몇 소수집단의 악마화를 위해 여성 해방운동의 원인을 도구화할 가능성이 있다.35)

중요한 원칙에 대한 심사숙고에 앞서, 찾아내야 하고, 상호의존적이고 문화에 대해 열려 있는 특성의 인정을 바로 그러한 이유로 공고히 하는 다수집단36)도 문화적 소수집단도 동의해야 하는 많은 조정이 아직도 남아 있다는 것을 이 사례가 보여준다.

---

35) *Ibid.*, p. 2.
36) 공화주의에 대한 프랑스의 전통과 관련하여 세실 라보르드의 주목할 만한 책을 보시오.
   Critical Republicanism. The Hijab Controversy and Political Philosophy, Oxford, Oxford University Press, 2008.

결론

　　다문화주의의 복잡한 문제와 불안정한 현실을 다루기 위해 우리는 철학적 방법을 중시했다. 이렇듯 우리는 다문화주의의 규범적인 쟁점들이 갖는 본질과 그것들이 초래할 수 있는 해명방식에 대하여 일별하는 데 기여할 수 있었기를 기대한다. 이론의 여지없이 다른 많은 보완적인 연구들을 찾아보는 것도 바람직할 것이다. 다문화주의의 확산은 그것이 상황별로 검토하기로 한 도덕적 딜레마와 정치적 복잡성을 드러나게 했다. 1995년, 윌 킴리카는 만일 소수집단의 권리에 대한 자유주의 이론이 이 문제들에 접근하는 새로운 방법에 부합했다면, 그렇다고 해서 "단순한 답도, 그 문제들이 완전히 해결될 수 있는 경이로운 방법도 없음"1)을 잊지 말아야 한다는 것을 강조하지 않도록 주의했다. 각각의 인정 요구는 그것이 그것에 고유한 사회역사적인 상황에 포함된다는 의미에서 특별하다. 보다 포괄적인 목표를 가지고 있는 이론이 할 수 있는 신중한 발상을 자기 것으로 삼아야 한다. 2007년 윌 킴리카에 대한 보고서는 변함이 없다. 그는 국제기구의 수준에서 소수집단의 권리보호에 대한 문제제기가 진전될 수 있었던 방식의 면밀한 검토를 통해서 더욱 신중해졌으리라. "우리는 보편적으로 용인되는 자유주의적 다문화주의에 대한 정의를 가지고 있지 않으며, 그것이 띠었던 다양한 양상들을 포괄하는 정의의 제시를 목표로 삼고 있는 모든 시도는 유용하기에는 틀림없이 너무 막연할 것이다."2) 그는 1995년에 '보다 일반적인 상황에 대한 관점'을 보여주려고, "우리가 소수집단의 권리에 대한 자유주의의 본래 사상의 구성요소를 얻어낼 수 있는 몇몇 중요한 원칙과 개념을 규정하려고 약간 물러서기를 원했다"고 적시했다. 다양성을

---

1) W. Kymlicka, *La citoyenneté multiculturelle*, trad. P. Savidan, Paris, La Découverte, 2001(1995), p. 10.

2) W. Kymlicka, *Multicultural Odysseys: Navigating the New International Politics of Diversity*, Oxford, Oxford University Press, 2007, p. 61.

생각하는 방식들의 근본적인 다양성에 직면하여—어떻게 논리적으로 사정이 다를 수 있겠는가?—그는 자유주의적 다문화주의의 논리를 이해하기 위한 가장 유용한 접근은 그것이 무엇에 대한 해답인가를 혹은 그것이 무엇에 반발하는가를 이해하는 것이라고 제안한다. 우리는 여기서 이 제안을 따르려고 했다.

비록 우리가 여기에서 가능한 모든 오해들[3]을 떠맡지 않았고, 모든 원칙[4]의 문제들을 검토하지도 않았지만, 우리는 이 접근이 가장 근본적인 것들을 앞서 해소할 수 있을 것이라고 기대한다. 한편 우리는 이 적용이 정치적이고 도덕적인 성찰로 타당한 것으로 여겨졌기를 기대한다. 원칙의 입장을 만들기 위한 수고, 다양성에 그리

---

3) 이처럼 우리는 이른바 '명백한 차별'이라는 정책들의 문제를 검토하지 않았다. 이유는 간단하다. 다문화주의의 이론과 우대 정책들의 주제를 연결시키는 것은 근본적 오류이다. 비록 그것들이 국가와 민족적 성격 사이의 관계에 대한 문제에서 일치한다고 해도, 그것은 그러나 매우 다른 두 가지 문제이다. 단지 소수집단의 권리는 결연한 활동 조치가 그것을 가능하게 하듯이 보상적이고 일시적이지 않기 때문일 것이다. 이 점에 대해서 킴리카의 주석을 보시오.

W. Kymlicka, *La citoyenneté multiculturelle*, trad. P. Savidan, Paris, La Découverte, 2001(1995), pp. 13~14.

4) 우리는 특히 재분배 대 인정이라는 사회적 정의의 두 패러다임 사이의 잠재적인 긴장 문제를 생각한다. 이 점에 대해서 N. Fraser와 A. Honneth의 토론을 보시오.

Redistribution or Recognition?, Londres, Verso, 2003; K. Banting, W. Kymlicka (dir.), *Multiculturalism and the Welfare State: Recognition and Redistrubution in Contemporary Democracies*, Oxford, Oxford University Press, 2006; Ph. Van Parijs(dir.), *Cultural Diversity versus Economic Solidarity*, Bruxelles, De Boeck, 2004.

고 주고받은 논거의 가치에 적합한 관심은 우리로 하여
금 사회조직 분야에서 사용하는 원칙의 방식을 또한 재
검토하게 한다.

문제영역으로서 다문화주의는 원칙들의 발견과 적용
상황에 대한 지속적인 관계에서 우리가 직면한 원칙들을
생각할 필요성에 대해서 아주 잘 설명한다. 존 롤스는 균
형 잡힌 방법으로5) 신중하게 이 방향에 하나의 실마리를
제시했다. 보다 실제적으로 이 실마리는 바로 합리적인
조정의 추구의 자세로 모색될 수 있었다. 영국, 퀘벡 그리
고 다른 이민 국가들에서 조정의 확실한 전통이 발전되
었다. 그리고 프랑스에서 관례였던 이것을 체계적으로
결산하고 평가하는 것은 아마 매우 흥미로울 것이다. 우
리는 그것이 이따금 은폐되어 있는 강력한 이 공식적인
입장이 그것을 인정하는 것보다 더 개방적이고 다문화주
의적인 통합모델을 발견할 수 있을 것이다.

합리적인 조정의 이 실천은 신분적 특성에 관련된 특
수성의 존중 요구에 긍정적으로 답하기 위해서 일반적
으로 체제와 사회의 상황에 도입할 수 있는 유형의 수정

---

5) P. Savidan, "The question of application: From Kant to Rawls", in J.-C.
Merle(dir.), *Reading Kant's Doctrine of Right*, Cardiff, University of Wales
Press, à paraître.

을 추구하는 데 있다. 물론 사고의 방향을 이끌어가는 원칙과 표지가 있다. 그러나 소수집단의 구성원들과 사회가 전부 그러한 조정으로 기대할 수 있는 장점을 차분히 검토하면서, 그것이 초래할 수 있는 잠재적인 비용을 고려하고, 보다 분명하게 상황을 참작하는 것이 또한 중요하다.6) 이 사고방식은 더 정확하지만, 그것이 또한 원칙 그 자체에 대한 심오한 무엇인가를 우리에게 말할 가능성을 배제하지 않아야 한다. 이 사고방식은 어쨌든 큰 장점을 가지고 있다. 만일 다문화주의 정책이 그 원칙 안에서 정당하게 야심적이라면, 이 사고방식은 그 해결책 내에서 평가되면서 그럼에도 효과적으로 실행할 수 있는 사실만을 고려하기 때문이다. 신분질서 요구의 골자만 말하면, 합리적인 조정의 학설은 다문화주의 정책의 특권적 실천방식이다.

상대적인 추상적 번영기 이후에 이 방법은 또한 무엇인

---

6) 이 점에 대해서 Gérard Bouchard와 Charles Tayor가 주도한 위원회가 2008년 퀘벡 정부에 제출한 주목할 만한 보고서를 보시오.

   Fonder l'avenir. Le temps de la conciliation, Bibliothèque et archives nationales du Québec, 2008.

   또한 잡지 『*Ethique publique*』의 특별호를 보시오.

   ≪L'aménagement de la diversité culturelle et religieuse≫, Vol. 9, no. 1, printemps, 2007.

가 사회적이고 지정학적인 새로운 정세를 통합한다. 만일 다문화주의의 퇴조[7]가 회자될 수 있었다면, 그것은 또한 어쩌면 민주주의적 평등의 역학에서 우리가 진정으로 그랬던 것보다 더 우리가 진보적이라고 생각했기 때문이다. 세계화의 상황에서 우리가 언급할 기회가 있었던 몇몇 심각한 위기를 계기로, 다문화주의는 어떻게 보면 자신의 전파 방법을 재검토해야만 하기에 이르렀다. 국제기구에 의한 이 주제의 점유와 관련하여 윌 킴리카는 우리는 어떤 의미에서 큰 위기에 봉착해 있다고 평가했다. "국제기구가 그들의 입장과 규범을 규정했던 방식에는 여러 가지 불안정성이 있다. 이 문제를 지배하는 위기감은 한편으로 약화되었고, 소수집단의 권리문제는 국제적인 당면과제 리스트에서 밀려났다. 새로운 관심과 참여 없이 우리는 아마도 이 시험의 가장 진보적인 측면에서 점진적인 후퇴를 지켜보게 될 것이다."[8] 소수집단에 대한 폭력은 국제적인 차원에서 관심사의 주된 원천이고, 사회정의는 필연적으로 인정의 중요성을 알기 때문에, 이전 상황으로 복귀하는 것은 적절하

---

7) 예를 들면 H. Entzinger를 보시오.

"The rise and fall of multiculturalism: The case of the Netherlands", in Ch. Joppke and E. Morawska(dir.), *Towards Assimilation and Citizenship: Immigrants in Liberal Nation-States*, Basingstoke, Palgrave, 2003, pp. 59~86.

8) W. Kymlicka, *Multicultural Odysseys: Navigating the New International Politics of Diversity*, Oxford, Oxford University Press, 2007, p. 295.

지 않다. 여정의 중간에 이렇게 머물러 있는 것도 더 이상 바람직하지 않다. 따라서 전진해야 하지만, 신중하게 전진해야 한다. 이것은 부당이득이 소수집단 자체에 특히 가혹할 수 있는 만큼 더욱 더 필요하다.

다니엘 웨인스톡이 정확하게 지적한 것처럼, 행복한 삶에 대한 다른 견해가 공존하는 다원화 사회에서 이성적으로 바랄 수 있는 최선은, 자신의 실질적이고 고유한 비전이 충만하고 완전하게 군림하는 것을 보는 것이 아니라, 개인적 자유의 존중 안에서 압제의 두려움 없이 가능한 범위에서 다른 것들이 발휘되는 것을 막을 정도로 어떤 비전도 군림하지 않는 사회가 발전하는 것이다.[9] 그것은 바로 사람들이 불가능했다는 것을 보여주려 애썼던 국가의 중립성 원칙을 활성화하는 것이라고들 말할 것이다. 사실, 문제는 우리에게 더욱 단순하게 제기된다. 중립성 원칙은 그 자체가 공정한 원칙은 아니다. 정치적 자유주의 개념이 관용과 그 한계를 생각하는 데 필요한 조건을 마련하는 유일한 것이기 때문에, 국가의 중립성 원칙은 그것이 오직 그 자체로 수용해야 하는

---

9) Daniel Weinstock, "La neutralité de l'État en matière culturelle est-elle possible?", in Ronan Le Coadic(dir.), *Identités & démocratie*, Rennes, PUR, 2003.

윤리적인 차원에서 비교적 까다로운 정치적 자유주의 개념에 해당한다. 차이를 받아들이게 하고, 그것들이 필연적으로 순서에 따라 자유화시키는 관점을 갖도록 우리를 준비시키는 것은 자유주의 중립성의 중요한 원칙이다. 그렇지만 그것이 작동할 수 있도록 하기 위해서는, 말하자면 정체성이 굳어지지 않도록 하기 위해서는, 자유 국가가 스스로 독단적인 자기 정체성의 주체처럼 처신하지 않는 것이 결정적이다. 이것은 모든 민주주의 국가가 오늘날 여전히 극복하지 못한 어려움이다.

참고문헌

이 참고문헌 목록은 각주 전체를 다시 정리한 것이 아니다. 이 목록은 우리가 보기에 단지 비전문가인 독자들에게 유용할 것 같은 도서들로 한정되어 있다. 보다 더 완벽한 참고문헌을 원하는 독자들은 다음 책을 보길 바란다.

S. Mesure et W. Kymlicka (dir.), *Comprendre*, no. 1, ≪Les identités culturelles≫, Paris, PUF, 2000.

최근 자료 목록을 원한다면, 다음 책의 참고문헌을 보면 된다.

W. Kymlicka, *Multicultural Odysseys*, Oxford, Oxford University Press, 2007.

Amselle J.-L., *Vers un multiculturalisme français. L'empire de la coutume*, Paris, Aubier, 1996.
Barry B., *Culture and Equality*, Cambridge, Polity Press, 2001.

Dieckhoff A. (dir.), *La constellation des appartenances. Nationalisme, libéralisme et pluralisme*, Paris, Presses de Sciences Po, 2004.

Eisenberg A., Spinner-Halev J. (dir.), *Minorities within Mininorities. Equality, Rights, Diversity*, Cambridge, Cambridge University Press, 2005.

Fraser N., *Qu'est-ce que la justice sociale? Reconnaissance et redistribution*, trad. E. Ferrarese, Paris, La Découverte, 2005.

Honneth A., *La Lutte pour la reconnaissance*, Paris, Le Cerf, 2000 (1992).

Joppke Ch., Morawska E. (dir.), *Towards Assimilation and Citizenship: Immigrants in Liberal Nation-States*, Basingstoke, Palgrave, 2003.

Joppke Ch., Lukes S. (dir.), *Multicultural Questions*, Oxford, Oxford University Press, 1999.

Kastoryano R., *Quelle identité pour l'Europe? Le multiculturalisme à l'épreuve*, Paris, Presses de Sciences Po, 2005.

Kymlicka W., *La citoyenneté multiculturelle* (1995), trad. P. Savidan, Paris, La Découverte, 2001.

Kymlicka W., Patten A. (dir.), *Language Rights and Political Theory*, Oxford, Oxford University Press, 2003.

Kymlicka W., *Multicultural Odysseys*, Oxford, Oxford University Press, 2007.

Lacorne D., *La crise de l'identité américaine. Du melting-pot au multiculturalisme*, Paris, Fayard, 1997.

Le Coadic R. (dir.), *Identités et démocratie*, Rennes, PUR, 2003.

Mesure S., *Renaut, Alter ego. Les paradoxes de l'égalité démocratique*, Paris, Aubier, 1999.

Miller D., *On Nationality*, Oxford, Oxford University Press, 1995.

Noiriel G., *Le creuset français: histoire de l'immigration*, XIXe–XXe siècles, Paris, Le Seuil, 2006.

Okin S. M., *Is Multiculturalism Bad for Women?*, Princeton, Princeton University Press, 1999.

Phillips A., *Multiculturalism without Culture*, Princeton, Princeton University Press, 2007.

Schnapper D., *La communauté des citoyens*, Paris, Gallimard, 1994.

Schnapper D., *La relation à l'autre. Au coeur de la pensée sociologique*, Paris, Gallimard, 1998.

Sosoe L. (dir.) *Diversité humaine: démocratie, multiculturalisme et citoyenneté*, Paris, L'Harmattan, 2003.

Song S., *Justice, Gender, and the Politics of Multiculturalism*, Cambridge, Cambridge University Press, 2007.

Taylor Ch., *Multiculturalisme. Différence et démocratie* (1992), Paris, Flammarion, ≪Champs≫, 1994.

Van Parijs Ph. (dir.), *Cultural Diversity versus Economic Solidarity*, Bruxelles, De Boeck, 2004.

Wieviorka M. (dir.) *Une société fragmentée? Le multiculturalisme en débat*, Paris, La Découverte, 1997.

Young I. M., *Justice and the Politics of Difference*, Princeton, Princeton University Press, 1990.

지은이 소개

Patrick SAVIDAN

프랑스 철학자

- 프와티에 대학 교수
  파리 시앙스포(Sciences-Po) "다문화주의의 철학" 담당 교수
- 학술지 Raison Publique 편집장

주요 저서

Privilèges, essai sur l'ancien régime à l'âge démocratique, Paris, Grasset et
    Fasquelle, 2012.
Le multiculturalisme, Paris, Presses Universitaires de France-PUF, ≪Collection:
    Que sais-je?≫, 2009
L'Etat des inégalités en France. 2009, dir. en collaboration avec Louis Maurin,
    Paris, Belin, 2008.
Repenser l'égalité des chances, Paris, Grasset, 2007.
L'Etat des inégalités en France. 2007, dir. en collaboration avec Louis Maurin,
    Paris, Belin, 2006.
Dictionnaire des sciences humaines, dir. en collaboration avec Sylvie Mesure,
    Paris, Presses Universitaires de France, 2006.

옮긴이 **이산호**

· 파리 8대학 문학박사
· 중앙대학교 불어불문학과 교수
· 중앙대학교 다문화콘텐츠연구사업단(한국연구재단 지정 중점연구소) 공동연구원
· 주요 저술: 『다문화의 이해』(공저, 도서출판 경진, 2009), 『다문화주의』(공역, 도서
  출판 경진, 2010) 외 다수 논문

옮긴이 **김휘택**

· 파리 10대학교 언어학박사
· 중앙대학교 다문화콘텐츠연구사업단(한국연구재단 지정 중점연구소) 연구 교수
· 주요 저술: 『다문화의 이해』(공저, 도서출판 경진, 2009), 『한국사회의 소수자들:
  결혼이민자』(공저, 도서출판 경진, 2009) 외 다수 논문

Le Muticulturalisme by Patrick SAVIDAN

다 문 화 주 의

: 국가정체성과 문화정체성의 갈등과 인정의 방식

© 도서출판 경진, 2012

1판 1쇄 인쇄 ‖ 2012년 08월 30일
1판 1쇄 발행 ‖ 2012년 09월 15일

지은이 ‖ Patrick SAVIDAN
옮긴이 ‖ 이산호·김휘택
펴낸이 ‖ 양 정 섭

펴낸곳 ‖ 도서출판 경진
　　　　등　록 ‖ 제2010-000004호
　　　　주　소 ‖ 경기도 광명시 소하동 1272번지 우림필유 101-212
　　　　블로그 ‖ http://kyungjinmunhwa.tistory.com
　　　　이메일 ‖ mykorea01@naver.com

공급처 ‖ (주)글로벌콘텐츠출판그룹
　　　　대　표 ‖ 홍정표
　　　　디자인 ‖ 김미희
　　　　기획·마케팅 ‖ 노경민 배소정 배정일
　　　　경영지원 ‖ 안선영
　　　　주　소 ‖ 서울특별시 강동구 길동 349-6 정일빌딩 401호
　　　　전　화 ‖ 02-488-3280
　　　　팩　스 ‖ 02-488-3281
　　　　홈페이지 ‖ http://www.gcbook.co.kr

값 10,000원
ISBN 978-89-5996-156-6 93300